「米中対立」のはざまで沈む日本の国難

アメリカが中国を倒せない5つの理由

富坂 聰 Satoshi Tomisaka

ビジネス社

はじめに　米中貿易戦争で、一体誰がババを引くのか？

米中の経済戦争が泥沼化している。

トランプ政権は制裁関税の第4弾を発表し、アメリカ企業が次世代通信技術「5G」で先行するファーウェイ（華為技術）に部品を提供することを事実上禁止した。中国も、アメリカへの歩み寄りの姿勢を大きく後退させた。

もしかすると世界は、グローバルチェーンでつながっていたという「現実」を、これまでにない〝大きな痛み〟のなかで実感することになるのかもしれない。

後世、この戦いは愚かな二つの大国が刻んだ攻防史として振り返られるはずだ。とりわけ、安全保障の歴史においては間違いなくそうだ。

そのとき日本の果たした役割は、どのように描かれるのだろうか。

肥大化する隣国の恐怖に耐えきれず、別の超大国をけしかけるといった役割だろうか。

そしてやっと火がついた大国同士の闘いのなかで、気がついたら自分が最も大きな火の粉をかぶり、貧しい国に転落していた、という結末だろうか。

少なくとも、よい手本として扱われることはなさそうだ。

書店に行けば、国際関係のコーナーは隣国の悪口と「崩壊予測」で埋め尽くされ、テレビをつければ専門家ではない芸人までが隣国と「断交しろ」と息巻く国ならば、当然の帰結というべきか。外から冷静に眺めたとき、スマートな国と映るはずはないのだから。

★★★

トランプが凄い、という評価がある。

本当にそうだろうか。

知的財産の強制移転や補助金問題で、中国に国内ルールの変更を迫るなら、中国に投資するすべての――あるいはできるだけ多くの――国と、できるだけ大きなマーケットを背景に、向き合うべきではないだろうか。

その背景とは、要するに「ＴＰＰ（環太平洋パートナーシップ）」だ。

中国が〝世界の工場〟から〝世界のマーケット〟へと進化したことで発言力が増し、外国企業に独自のルールを押しつけようとしたことに対抗するべく生まれたのがＴＰＰだ。

オバマ大統領は、「中国に国際貿易のルールをつくらせるわけにはいかない」と発言した。

そのオバマ政権が進めていたTPPによる対中包囲網が、実は一回り小さくなって戻ってきたのがトランプの貿易政策の実態だ。オバマ政権が中国産タイヤに上乗せ関税をかけた緊急輸入制限措置（セーフガード）の発動も、相似形のデジャヴだ。

トランプの〝関税砲〟は、派手で効果的に見えるが、実際には粗漏も目立つ。

ファーウェイに対する包囲網を築こうとしても、発展途上国や新興国は言うに及ばず、西側先進国さえ櫛の歯が欠けるように「排除見送り」を決める国が続いた。

TPPであれば、アメリカの勝利はみなの勝利であった。今、自動車や農産物問題を見ればわかるように、アメリカの勝利は日本の勝利ではない。

今春、相次いでヨーロッパを訪れた習近平《シージンピン》国家主席と李克強《リークーチャン》総理は、ともに「一国主義に反対する」ことで、EUの国々と足並みをそろえた。アメリカが国際協調主義を貫いていれば、こうしたことも起きなかっただろう。

そして何より、とんでもなく多くの無駄な血が流れている。

制裁関税の影響や安全保障を理由とした自国企業の特定企業との取引禁止によって、その影響をもろに被る広東省の珠江《しゅこう》デルタや、アメリカの農家、ファーウェイをはじめとした中国の先端技術企業と、それらに部品を供給してきたアメリカの企業の血だ。

アメリカが自国企業にファーウェイとの取引を禁止したことは、ファーウェイへの打撃となるが、同社は中国市場や新興国・発展途上国に足場があるので、生き延びられると目されている。では、合わせて1兆円規模の売り上げが、ファーウェイとの取引禁止で吹き飛ぶアメリカのメーカーはどうだろう。ファーウェイに代わる新たな取引先を、簡単に見つけられるとは考えにくい。

★★★

そして、こうした影響がアメリカのメーカーと同等、またはそれ以上に響いてくると考えられるのが日本のメーカーなのである。

直撃する問題の具体的な中身については本文に譲ることにするが、深刻なのは今後、日本企業の活動範囲が大幅に制限させるということだ。というのも、政治リスクの存在がこれほどはっきりした世界では、常に政治の風向きを考えて投資を行わなければいけなくなるからだ。

日本だけではないだろう。世界中の誰もが国境をまたいで投資をすることに臆病になり、世界の経済は縮小してゆく。このことは、「グローバリゼーション」の下で——賛否両論あれど——拡大してきた世界経済を、逆行させるような作用をもたらすに違いない。すなわち、パイの縮小だ。

こう考えてみると、トランプのアメリカは実に恐ろしい問題に火をつけてしまったか、あるいは火をつけようとしているのかもしれない。

もし世界が、そんな大やけど負ってしまったとしたらどうだろう。そのとき、日本は自らの行いをどう振り返るのだろうか。中国を憎むあまりトランプ政権による〝制裁〟を称賛した自らを、一体どう感じるだろうか。

世界を見回せば、やっかいな隣人を抱えていない国などほとんど存在しない。その隣人の悪いところを論《あげつら》い、主張の矛盾を突いて自国民を煽ることで、何らかの問題が解決したという話など聞いたことがない。理性を捨てて、感情のままに言葉を吐けば、相手の国の最も邪悪な部分や勢力が呼び覚まされ、最終的に待っているのは戦争か、それに近い破壊である。

それで、よいのだろうか。

★★★

今、ヒートアップしている米中の対立は、第三国――つまり日本――を交えた取り組みのなかで中和してゆくことが望ましい。幸い、安倍外交における唯一の成果――〝中国恐怖症〟を患い、ひたすらアメリカに媚びて構築された日米関係は外交の成果でもなんでもない――としてTPPは生き残っている。この枠組みのなかでアメリカの暴走を抑え、中国が受け入れ可能な提案をし、世界との協調を図ることこそが中国の利益だと諭すことができれば、その外交成果は、さらに大きな果実となるはずだ。

そうした話し合いを実現できれば、アメリカに強制されて特定企業との取引を禁じられたり、突然の制裁関税のあおりを受けて業績が落ち込むという〝災難〟も回避できるだろう。しかもそれだけでなく、アメリカを中心とした西側のルールに中国が従うメリットや市場開放の利益も、日本がより優先的に手にすることができるのではないだろうか。

いずれ行き詰まる二つの国の反目に、日本としても備えておかなければならない。これから、その道筋、そして「崩壊論目線」では決してわからない中国が倒されない理由を、各章にわたって具体的に説明していこう。

「米中対立」のはざまで沈む日本の国難　もくじ

第2章

消費者の選択
～世界中が陥った過度な〝中国シフト〟～

第3章 技術の内製化 ～「中国製造2025」の先にあるもの～

第4章

外交の転換
～習近平の〝語録〟から消えた「核心的利益」～

第5章 利害の複雑化
～分裂するアメリカの思惑と中国の最終ライン～

おわりに

第1章

自信の回復
～トラブルを解決できない
愚かな国からの脱却～

トラブルを解決できない「愚かな国」同士の関係

2018年という年を国内政治という視点から切り取れば、どんな表現が浮かんでくるだろうか。

真っ先に思い当たったのが、2012年、現政権の誕生を熱烈に歓迎した保守勢力――「保守」の定義については難しいのだが――のちょっとした〝安倍離れ〟だ。

トリガーは、二つあった。

一つは、2018年秋からの臨時国会で成立した改正出入国管理法である。外国人労働者の受け入れを拡大するため、新たな在留資格を設け、単純労働者の受け入れにも道を開く法改正とされた。これに対して、「要するに、移民政策ではないか」との反発が政権へと向けられたのだ。

そしてもう一つが、対中国政策の変更だ。安倍晋三首相は昨年10月、中国を公式訪問して習近平国家主席との首脳会談に臨んだ。

アメリカがやっと重い腰を上げ、中国への攻勢を強めている折りも折り、安倍首相はなんで習近平の手なんかを握りに行くのか――。

こんな恨み節が響き渡った。

だが、**「おかげで」と言っては何だが、日中関係はようやく改善に向かおうとしている。**

日本のメディアが、日中関係を形容して「史上最悪」と頻繁に書くようになったのは、2001年に発足した小泉純一郎政権のころからだ。つまり、日中の「史上最悪」の反日はかれこれ20年近くも続いたことになる。まったく「ご苦労様」としか言いようがないところだが、

「この対立で結局、日本は何を得たのか」

これを問わないわけにはいかないだろう。

国際社会において対立を解消できない二つの国は、残念ながら問題解決能力の低い「愚かな国」同士という以外の何ものでもないからだ。

2018年、両国は日中平和友好条約締結40周年を迎えるのに合わせて、その少し前から模索を続けてきた関係改善を、安倍晋三首相と習近平国家主席の首脳会談という形で結実させた。現役の総理大臣による中国への公式訪問は、実に7年ぶり。利害調整者たる政治家の面目躍如といえるだろう。

中国側は、ほぼ国賓待遇という手厚さで安倍首相を迎え、日中双方のメディアには「歓迎」の文字があふれた。

思い返せば、2012年、民主党・野田佳彦政権下で行われた尖閣諸島・魚釣島の〝国有化〟(国による買い上げ)に反発した中国国民が、激しい反日デモを繰り返し、日中の対立が先鋭化していった。第2次安倍政権が誕生したのは、この直後のことだ。

国民の多くは中国への警戒と反発を高め、新たに誕生した政権が対決姿勢で中国と向き合うことを強く支持。安倍氏を熱烈に応援する政治勢力は、中国が警戒する憲法改正を強く望んだ。

そうした空気のなか、安倍首相は就任間もなく靖国神社への参拝を行い、中国との関係を決定的に冷え込ませたのだ。

〝日中接近〟の裏にある抗えない力

だが、**信じがたいことに、中国は当初、復活した第2次安倍政権を、大きな期待を込めて見守っていた。**

その理由は、ただ一つ。第1次政権発足直後、安倍首相が最初の訪問国として中国を選び、冷え切った日中関係の「氷を解かす」役割を担ったからだ。

しかし、それがあまりに無邪気な見通しであったことは、その後の安倍政権の言動が証明している。

自公両党で320議席を超え民主党から政権を奪還した第46回衆議院議員選挙（2012年12月）や、その前に行われた自由民主党の総裁選挙（9月）を戦う過程で繰り返された安倍氏の中国に対する厳しい発言は、明らかに第1次安倍政権のときに進めた対中政策を「失敗」と位置づけたうえでのものだった。何より、病気により政権を投げ出した後の〝安倍応援団〟は、とりわけ中国、韓国を厳しく攻撃することを一つのスタイルとする勢力であったのだ。

だが当初、中国側には安倍氏の言葉を深刻に受け止める気配はなかった。それどころか、中国の外交部周辺から漏れ伝わってくるのは、「西側の選挙ではありがちな有権者向けのポーズだ」「実際、首相に就任したら、現実的な路線に戻るに違いない」といった楽観論ばかりであったのである。

結果は、今や周知のとおりだ。「史上最悪」で幕を開けた日中関係を、さらに〝極限〟

まで冷え込ませる5年間となった。

中国がその入り口で、日本の対中政策を大きく読み違えた理由は何か。それは日本人の対中感情悪化のレベルを読み違えたことに尽きる。それと同時に、日本の政治家によるリーダーシップを過大評価していたこともあった。

国民感情に迎合することなく冷静な対外政策を打ち出せるほど、小選挙区で揺れる日本の政界には余裕はなかったのだ。中国はそのことを考慮できなかったのである。この点は、**米中貿易摩擦の入り口で、アメリカの対中感情の悪化を過少評価してしまい、政局を読み違えたことにもつながる中国の蹉跌《さてつ》**だ。

小選挙区で余裕を失った日本の政治家は、「国民の熱狂」という外交の〝天敵〟を制御するどころか、それを煽って自らの政治基盤の浮揚力にしようとさえする。そんな逆風のなかで、では最終的に日中はいかにして「史上最悪」の関係を改善していったのか。

実は、そこには日中双方に差し迫った動機があったのだ。

本章の冒頭で、2018年に日中首脳会談が行われることに対して、「アメリカがやっと重い腰を上げ、中国への攻勢を強めている折りも折り、安倍首相はなんで習近平の手なんかを握りに行くのか――」という不満が国内にあると書いた。

そうした考え方に浸っていられた人々は、日本と中国のリアルな関係を、また双方が接近せざるを得なかった動機を、知らないまま過ごしてきた呑気な人々にすぎない。そのことを、これから説明していこう。

つまり**日中接近は、政治家による大きな決断ではなく、抗うことのできない力が、その底流に働いた結果**であったのだ。

封印された「日本は歴史を直視し」という定番フレーズ

自民党総裁3期目に突入した安倍首相にとって、最大の政治的課題は何といっても憲法改正であった。具体的には憲法の改正案を示し、それをたたき台として与野党協議に持ち込み、最終的には任期中に国民投票への道を開くことだ。

それにともない、日本の防衛装備を大きく変更する動きも慌ただしくなった。海上自衛隊最大級の護衛艦「いずも」を改修し、日中が激しく対立する海において、いよいよSTOVL機（短距離離陸・垂直着陸戦闘機）＝F‐35Bを運用できるよう道が開かれていったのだ。

ただし、ＳＴＯＶＬ機を実際に運用するとなれば、整備員などのスタッフの増員やシステム管理など、多くの課題をクリアしなければならない。それでも日本が、その先に見据えているのが「いずも」の攻撃型空母への転用であることは、誰の目にも明らかであった。

その一方で、戦後の日本がずっと気にしてきた「誰かの目」といえば、やはり真っ先に「中国の目」が思い浮かぶだろう。

だが、日本人のほとんどはもう忘れてしまったのか、それともメディアがほとんど騒ぎ立てなかったため注意が向かなかったのか――。**中国が、こうしたセンシティブな問題に対してほとんど何の反応を示していないことが、日本で話題にすら上らない**のだ。

憲法改正はもとより攻撃型空母の保有など、いずれも中国の神経を逆なでする動きに違いない。だが、中国国内で反日デモが燃え盛っているといった話も寡聞なら、中国政府が激しい口調で日本をけん制する場面もない。

日本人は、果たしてこの中国の変化に気づいているのだろうか？

しかも、それだけではない。ここ数年、中国が激しい口調で「日本は歴史を直視し」と非難する場面に接した記憶もないのだ。

２０１８年10月に行われた日中首脳会談でも、実はこの「日本は歴史を直視し」という

お決まりのフレーズはほぼ封印されていた。

最初に安倍首相を迎えた李克強総理は、

「条約を含む中日間の4つの基本文書（注：国交を正常化した1972年の日中共同声明、両国間の平和友好関係の発展をうたった78年の日中平和友好条約、冷戦後の平和・協力体制を記した98年の日中共同宣言、そして2008年の「戦略的互恵関係」の包括的推進に関する日中共同声明）は中日関係の政治的・法的基盤を固め、両国関係の健全な発展のためにしっかりと把握しなければならない」

という表現で歴史問題にさらりと触れてはいる。

習近平国家主席も、会談の冒頭において

「両国間には『中国人民が民族的な災難に見舞われ、日本人民も深刻な被害を受けた』歴史があった」

と日中の過去の歴史に言及したことはした。だが、いずれも形式的なニュアンスをともなっていたのだ。

李総理の発言は、明らかに先の言葉に続く、

「われわれは平和・友好・協力という大きな方向性を堅持し、時代の潮流に積極的に順応

し、より成熟し落ち着いた、実務的で進取的な中日関係を共に構築する必要がある」という表現のほうに重心が置かれた発言だったし、**習主席の歴史問題への言及に至っては、中国人民の被害だけでなく、なんと日本人民も同じく「被害者であった」と語っているのだ。**この「日本国民も戦争の被害者」という表現は、まさに１９７２年、日本と中国が国交を正常化する過程で、自国民を納得させるために中国共産党が苦労して導き出したロジックである。

首脳会談に際して習主席がわざわざこれを持ち出す意味は、ただ一つ。日本への批判を和らげる工夫としてである。

中国は、２０１５年の「中国人民抗日戦争・世界反ファシズム戦争勝利70周年」の記念イベントを進めるにあたり、日本への攻撃のトーンを和らげる際にも、同じようにこの論理を援用した。

その〝工夫〟は、確かに日本側にも十分に伝わったはずだ。

中国にとりわけ厳しい言論を展開することで知られる『産経新聞』でさえ、〈日中首脳会談で影潜めた〝歴史戦〟一時的な停戦状態〉との見出しで中国側の態度の変化を報じているのだ（２０１８年10月26日付）。むべなるかなである。

舵取りが最も難しい日本との距離の縮め方

では中国は、手放しで日本との距離を詰めてきたのだろうか。

その答えは、明らかに「ノー」だ。

もちろん、日本との関係を変えたいと願う中国側の意図には、疑う余地はない。しかし、その前提として自国の国民感情をどう整理するのかといった難題は、いまだ完全には解けていないからである。

こう書くと、**「中国共産党の強い独裁にある中国で国民感情など関係ないだろう」という声が聞こえてきそうだが、これこそ日本人が陥りやすい最も初歩的な「誤解」**である。中国に数年間駐在していたビジネスマンのなかにも、この点を根本的に見誤ってしまう人は少なくない。

中国共産党は確かに強い権力をもって統治し、国民を厳しい管理下に置いている。この点に疑義をさしはさむ余地はない。ビジネスに関しても、権力の理解なしに事がうまく進むことなど、ほとんどない。

だが、こうした事柄をもって中国の権力が西側のそれと比べ「自在である」と結論づけるのは、あまりに「短絡」と言わざるを得ない。

たとえば、日本と比べてみたとき、彼我の最たる違いは、実は中国の国民には政権を引っくり返す力と意思が備わっていて、そのことを権力側も知っているという点だろう。

中国の権力者が、国民のほんのささいな不満に対しても過剰な反応を示すのは、その認識があるためだ。

そう聞くと、「えっ？」と思う人もいるだろう。もちろん、われわれが日常的に目撃する中国の大衆が、そんな潜在力をイメージさせる存在かといえば、決してそうではない。むしろ逆に、自分の今日の懐具合にしか興味のない、政治とは程遠い人々である。

だが、自らの尊厳を決定的に打ち砕かれるような酷い仕打ちや、耐え難い窮乏など、さまざまなきっかけによって、一たび彼らのスイッチが入ると、普段はアリのように大人しい人々が、イナゴの大群のように変身し、すべてを破壊し尽くす。そうなったら、どれほど強い治安機関があろうが政権はもたない。

ゆえに、**政権が恐れているのは、人民が固まって動くような〝テーマ〟が、空から降ってくること**だ。テーマ次第で、同調の波が爆発的に拡大するか否かが決まる。もしも怒りを共有できるテーマに火がつけば、毎日の生活に不満を持つ人民がたちまち便乗し、大きな政治的ムーブメントを引き起こしてしまうのだ。

日本で〝爆買い〟できるほど中国が豊かになったのは間違いないが、とはいえ全土を見渡せば依然、貧困が大きな政治課題だ。そうした人々が「貧すれば、民、乱を思う」とばかりに混乱を望めば当然、権力を脅かすことになるのだ。

中国共産党が毎年必ず「1号文件――その年の最初に発表される重要政策課題が記された文書――」を農業・農民問題から始めるのも、中央に登用される幹部に、貧困地区や農村での執務経験を厳しく問うのも、こうした事情が背後にあるからなのだ。

そして最近まで、彼らの怒りの導火線の一つで、かつ広範な広がりを持っていたのが「日本問題」だったのである。

この点は、日本政府側も誤解するポイントなのだが、トップが決断すれば簡単に日本との関係改善が図られるというわけではない。**日本との距離を縮める外交は、むしろ中国においても難しい舵取りが迫られる微妙な問題**なのだ。

そのことがわかりやすく表れていたのが、実は、首脳会談を通じて中国側が見せた日本との距離の縮め方であった。

たとえ習近平であっても思うように発言できない現実

いくつかの視点を挙げて説明しよう。

２０１８年10月25日午後、李克強総理は安倍首相とともに人民大会堂で催された中日平和友好条約締結40周年記念レセプションに出席し、挨拶を行った。

そのなかで李総理は、日中関係の現在を「正常な軌道に戻ったうえで積極的な発展の勢いを呈している」と位置づけ、さらに、「巨大な協力の潜在力と発展のチャンスがある」と前向きに評価したのだった。

前述したように安倍首相は国賓級の歓待を受けていたので、日本側のメディアはこの李総理の評価と相まって「雪解け」だと舞い上がったのだ。

だが大歓迎宴の翌日、首脳会談に登場した習主席は、日中の現状について、李総理とは違う言葉を用いて評価した。

――双方の共同の努力の下で、目下の中日関係は正常な軌道に戻りつつある――

つまり**「正常になる過程にはある」との認識を示しただけ**だったのだ。二人の発言は、中国側の翻訳した『人民日報』（日本語版）から引用したものだが、中国語版で確認しても、やはり「戻りつつある」に相当する「勢頭《シートウ》」の文字が確認された。

李総理が明確に「戻った」と断じたにもかかわらず、習主席は「戻りつつある」との表現にとどめた。二人の言葉に、明らかな温度差が見て取れるのは、一体どうした理由があってのことなのか。

今さら指摘するまでもないことだが、中国外交は、たとえ指導者であっても、基本的にはその場の思いつきで言葉を発することは許されていない。**トップの発言であれば、党中央で十分な検討を経たものであることがマスト**だ。

２０１４年、アジア太平洋経済協力会議（ＡＰＥＣ）首脳会議のために北京を訪れた安倍首相は、習近平国家主席と会談を行った。第２次安倍政権がスタートして以降、両首脳が顔を合わせるのは初めてだったこともあり、会談には世界の関心が集まった。

だが、安倍首相を出迎えた習主席は驚いたことに仏頂面のまま、ニコリともしなかったのである。それどころか、安倍首相が何かを話しかけようとした瞬間、まるで関心がないといったようにプイと横を向いてしまい、挙げ句の果てには、一生懸命に訳そうとする通訳の声も無視したのであった。

このシーンは日本のテレビを通じてお茶の間にも届いていたので、記憶している人も多いはずだ。私も多くの人々から、

「中国の国家主席は、なぜあんな失礼な対応をするのか？」

と尋ねられたのを覚えている。

だが、**笑顔を封印した対応は、国家主席が直々に決めたものではない。「表情厳粛《ビァオチンイエンスゥ》」という一種の外交用語が中国にあるように、日本の首相と握手する場面で、当時はまだ笑顔は解禁されていなかった**のだ。

表情を緩められない理由は、日本へのメッセージという側面もあるが、それはむしろ付属的な意味でしかない。**重要なのは、国民に向けたポーズだったということ**だ。

日本との外交は、国民の干渉にきわめてさらされやすい敏感なテーマであり、内政への影響こそを考慮すべき課題なのである。

その中国が、日本の首相との会談のなかで発言を微妙に変えてきた――つまり、総理と国家主席で発言が違った――のは、むしろ慎重に、少しずつでも日本との距離を縮めよう

とする強い意思の表れといってもよいだろう。もっとわかりやすく言えば、経済を担当する総理の言葉が踏み込んでいて、政治を掌握する国家主席（党中央総書記）が慎重であったのは、そのまま政治と経済の距離だと考えることができよう。

中国にとって、国家主席が前面に出る外交が、何よりも重要であることは言うまでもない。その場合、**外交当局者が最も恐れるのは、会談の前後で自国のトップが恥をかかされることだ**。そうなれば彼らの国内での立場はない。

これはアメリカをはじめ、西側先進国との外交において常につきまとう悩み——ニコニコと親しげに握手したにもかかわらず、相手が帰国後に中国の人権問題などで厳しい発言をするなどしてメンツが潰されるパターン——で、近年の日本との外交では、より強く警戒されていた。

首脳会談を行ったものの、その後の国際会議の場などで、安倍首相が「法とルールを守らない国」と、中国を名指しこそしないまでも非難を繰り返し、南シナ海問題にまで介入する動きを見せ、中国を刺激し続けていたからだ。

空母化にも憲法改正にもコメントなしの理由

2018年秋の日中首脳会談に向けては、日中両国には明らかに関係を前に進めようという十分な動機――それは日中の経済分野における深い結びつきであったり、特定の国と常に対立していることで世界のなかで生じる不利益への対応など――があった。

とはいえ、中国との関係を悪いままにはしておけないという現実的な理由を、大半の日本人が正しく理解していたかといえば、決してそうではない。そのため安倍首相が国内の対中感情に配慮する言動を迫られるのではないかとの警戒が、中国側には拭えなかった。

国内世論と外交は常に板挟みの関係ではあるが、習政権としては世論の圧力こそ警戒しなくてはならない。

トップ会談に応じるとなれば、融和ムードを嫌でも演出する必要がある。にもかかわらず、日本がこれまでのように南シナ海問題で対中包囲網を築くような言動を繰り返せば、国家主席のメンツは失われ、外交部は厳しい叱責を免れないのだ。

日中間には、こうした解き難い問題がずっと横たわっていた。

だが、こうした閉塞状況にも、ようやく明るい兆しが訪れる。

日中関係を決定づけてきた「世論による政治の監視」が、ようやく緩み始め、それを実感できる現象も多く確認され始めたからだ。

中国政府は今、安倍政権の下で進められる憲法改正の議論や、海上自衛隊所属の護衛艦「いずも」を〝空母化〟するといった動きに対し、従来のようにいきり立ってコメントすることもない。そのことは前述したとおりだ。

80年代から中国を見てきたわれわれの世代からすれば、信じ難い変化だ。

口を開けば「過去の歴史を……」と、日本の動きを常に再軍備と結びつけてけん制し続けてきた中国である。一体、何が作用して「対日圧力」を軽減してきているのか。

答えは実に簡単である。

日本に厳しく接しなくても、世論が反応しなくなったからだ。

国民感情が緩んだことで、中国共産党はやっとストレスなく日本との関係改善を進められるようになり、**関係改善によって得られるメリットを、最大限政権浮揚に利用できる環境が整った**ということだ。

そもそも中国共産党という組織は、きわめて合理的な発想を持つ組織だ。

そんなことをいえば、違和感を覚える読者も少なくないだろう。世界的には、柔軟性に乏しく、教条主義的で、さらに閉鎖的というイメージが一般化しているからだ。それを承知の上であえて「合理的」と言ったわけだが、実は立証はさほど難しくはない。

なぜなら**同党のプライオリティーは、社会主義国家の建設や台湾統一よりも前に、中国を安定的かつ長期的に支配し続けることに置かれている**からだ。それ以外の何ものでもない。権力を維持するためならば、きわめて柔軟に組織の形を変えられる政党であり、実際に、そうして生き残りを図ってきたのが中国共産党の歴史なのだ。

いまだ社会主義の看板を掲げながら、計画経済を形骸化させ、日本以上の格差社会を内包し、成功した起業家を共産党に招き入れ、労働者をむしろ片隅に追いやっている現状を、建国から70年代までの中国と比較して、整合性をとりながら論理的に説明できる者が、どこかにいるのだろうか。「その二つはほぼ別の国」といったほうが話は早いはずだ。だが、それでも――政治が妥協の産物だとすれば、むしろ正しい姿なのかもしれないが――共産党の支配だけは続いているのだ。

柔軟性なのか二面性なのか、はたまた無軌道というのか、そうした異質さは、外交にもいかんなく発揮されてきた。

日本との関係でいえば、かつてはA級戦犯が祀られている靖国神社への日本の総理大臣の参拝に強く反対しながらも、一方ではA級戦犯として巣鴨プリズンに収監されていた笹川良一氏の訪問を、大歓迎したこともある。こんなダブルスタンダードも、まさしく変幻自在な同党の特徴だ。

つまり、**一たび「国民感情」という縛りが解かれてしまえば、中国共産党はきわめて柔軟に利害を計算しながら対外政策を変更できる**のだ。

すでに、2010年に始まっていた〝爆買い〟ブーム

2018年10月、機を見るに敏な中国共産党は、国民の外交への干渉が弱まるという好機を逃さなかった。

それにしても日中関係の障害になっていた国民感情という逆風は、どうして緩んだのだろうか。

答えの一つは――それは、巨大な一つだが――、日本を訪れ自らの目で日本社会を見て、触れた中国人が増えたことである。

つまり、「インバウンド」が解だ。

2018年に日本を訪問した外国人の数は、日本政府観光局（JNTO）の集計によると3119万人に達した。日本に潜在していた観光資源が、やっと世界中に認められたと言いたいところだが、実際、数字を押し上げた功労者は、ほとんどがアジアからの訪問者であり、なかでも大きな貢献をしたのが中国人観光客である。その数、838万人というボリュームだ。

中国で日本観光ブームが起きていたこと自体は、2015年に〝爆買い〟という言葉が「流行語大賞」にノミネートされたことで、広く日本人にも意識されたはずだ。しかし、静かな流れはそのはるか以前からあった。

私は**2010年、中国人が「メイド・イン・ジャパン」を求めて日本に大量に買いつけに来ている実態を、〝爆買い〟と表現して『週刊文春』（八月一二日・一九日号）誌上でレポート**している。

習近平国家主席が仏頂面で安倍首相を冷遇するずっと前だ。〝政冷経熱〟の裏で、懐の温まった中国人たちはメイド・イン・ジャパンの実力を認め、また質の高いホスピタリティを求め、日本を目指し、実際にそれを体験した人々がリピーターの波となって押しかけてきていたのだ。

もちろん、訪日ブームが到来した理由を、「日本の魅力」だけで説明することはできない。日本の強力なライバルであった香港、台湾、韓国が、いずれも中国人観光客の不興を買ったことも見逃せないからだ。

香港では2010年前後から、大陸からの観光客に対する反発が強まった。経済的な依存を深めたことによる反動と、チャイナマネーが大量に不動産に流れ込みマンション価格が高騰して現地の人々が郊外に追いやられてしまったこと。さらに、広東省の金持ちたちが子どもを越境入学させて混乱を引き起こしたことなどに加えて、観光客のマナーの悪さが香港ローカルの反発を高め、次第に大陸からの観光客をボイコットする運動へと転換されていったのである。

自分たちが歓迎されていないことを敏感に感じ取ると、大陸の観光客たちの足は香港から遠のき始めた。これに追い打ちをかけたのが、学生らが中心となって起こした香港版の民主化運動ともいうべき「雨傘革命」（2014年）である。

共産党が香港の教科書にまで介入したことに反発して始まった運動だが、司令塔を欠いた運動はやがて混乱したうえ、大陸からの観光客に依存して暮らしている人々との利益相反も強まり、雲散霧消していった。この運動のなかで登場した過激な香港独立運動に接した大陸の人々は、いよいよ香港を毛嫌いするようになったのである。

一方台湾では、香港で雨傘革命が起きるおよそ半年前、中国との「両岸サービス貿易協定（海峡両岸服務貿易協議）」の批准に反対する台湾の学生が、行政院を占拠するという事件が起きている。この事件の背後には台湾野党の民進党がいるとして、共産党は警戒していたが、2016年、その民進党が国民党から政権を奪還。中台が「一つの中国」の原則を確認した「九二年コンセンサス」を否定すると、いよいよ台湾独立の動きだとの大陸の人々の間で警戒感が広がった。その結果、少しずつ遠のいていた中国人観光客の足取りは、ピタリと途絶えたのだ。

韓国のケースは、香港や台湾とは違い、政治的な要因はそれほど大きくない。作用したといえば高高度迎撃ミサイルシステム（THAAD）の韓国南部、星州《ソンジュ》への配備が挙げられるが、実は、この時点ですでに中国人観光客の〝韓国離れ〟が顕著となっていた。原因は、現地でトラブルが相次いだこと。とくに深刻だったのは、整形手術をめぐる事故が多かったことである。

つまり日本が中国人観光客の取り込みに成功した裏側では、香港、台湾、韓国のオウン

ゴールに加え、一度日本を訪れた中国人が日本の魅力に気づき、何度も繰り返し訪れるようになるという、「二つの追い風」があったのである。

こうして中国人の、日本及び日本人に対するイメージは、大きく改善されていった。

メディアがつくり出す「気づこうとしない」現実

ネット社会の現代では、現地に行かなくとも外国の情報は簡単に手に入る。ところが、ネット情報だけで他国を判断すれば、当然、偏った印象が助長される。

反日の火が大陸に燃え盛った2005年、中国のネットには8月15日に靖国神社を軍服姿で参拝する老人の写真があふれた。中国人が見ればギョッとする写真だ。

当時、私も多くの〝親日的〟中国人からこの写真を見せられ、「なぜ政府はこういうことを許すのか？」と眉を顰《ひそ》められた。このとき、「軍服で靖国神社に参拝しても法律には触れない」し、「(写真は)日本でもきわめて珍しい光景だ」と説明したが、誰も信じてくれず、虚しい思いをした。

ただし、同じことは日本側もしている。中国に足を運び現地を自分の目で確かめるという最低限のこともせず、最もハードルの高い中国政治について発言したり書いたりする人々が後を絶たない。なので、一方的に責めることはできないが、**「反日」「嫌中」はこうした〝架空〟の情報を真に受けた人々によって形成され、両国の関係は、しなくてもいい回り道をしてきた**といえるだろう。

外国報道に少しでも携わったことがある者であれば、誰もが実感することだが、たとえば中国の反日デモ一つをとっても、受け手と送り手では感じ方は大きく違うものだ。2010年頃を境に中国の反日デモは、公然と日本大使館を目指して行われるようになったが、それ以前は、彼らの行動をメディアが事前に把握することは容易ではなかった。私も、毎回取材費を使って現地取材を行うたびに、「カネを使ってわざわざ来たのに、デモ活動と遭遇できなかったらどうしようか……」とよく心配したものである。

だが、現地を走り回ってやっと見つけたデモをレポートすると、日本国内では、あたかも北京のすべての街、いや全国津々浦々で、あらゆる人が反日のスローガンを叫んでいるかのように、勘違いされてしまうのだ。北京の街では、デモが起きたことすら知らずに過ごしている人々が圧倒的に多かったのに、である。

2011年3月11日、東日本大震災で東京電力福島第一原子力発電所（福島県大熊町・

双葉町）で炉心溶融に至る重大事故が発生した際、日本に留学中の学生に、中国の親たちから「放射能を浴びる心配があるからすぐに帰国しろ」との電話が殺到したのも同じだ。

　こうした誤解は、常にわれわれの周囲に存在する。たとえば東京に暮らしていても、今日、永田町の国会前で誰がどんなことを訴えていたのかなど把握できない。東京どころか、私のように新宿で暮らしていても、隅田川で花火大会があったことはニュースを観るまで毎年気がつかないのである。

　本来、外国情報はこうした事情を踏まえたうえでレポートされるべきなのだが、インターネットの普及で情報収集は表向きインスタントになったため、不誠実な人々の発言の機会が増えた。もっとも日本のメディアの多くもここ数年、現地に足を運ぶという〝常識〟にも無関心になり――資金的な限界も大きいと思うが――、ネットで集めた情報を恣意的に面白おかしく、かつ大衆受けするよう加工することに尽力してきた。その結果、**国民全体を大きな情報の〝ズレ〟のなかに放り込んでしまった**のである。

　その最たるものが、他国を指して使われる「崩壊」論だ。

　風向きが常に変わる世界情勢では、予側はせいぜい3カ月から長くても半年先くらいを対象とすべきだ。ところが、毎月のように「崩壊の予言」が出てきては、当たらなくても誰も責められないという状況が続いている。

年中行事のように「崩壊寸前」と叫ばれる中国も北朝鮮も、実際には崩壊することなどなく、むしろ「連戦連勝」かのごとく報じられてきた日本外交のほうが窮地に陥っている。

そんな笑えない結末に陥ってしまったのは、耳に心地よい言葉――中国や韓国がダメだという言説――を求める人々のニーズに応えようとした結果だ。書店の棚は「崩壊本」に占拠され、「視聴率」に振り回されるテレビの番組欄も、「日本、スゴい！」という赤面したくなるような番組で埋め尽くされてしまった。もはや加療が不可欠な病気レベルだ。

無論、問題を知りつつも、数字に振り回されてきたメディアの責任も大きい。

こうして「日本サイコー」「中国終了」を叫び続けてきた結果、どうなっただろうか。

中国経済についていえば、崩壊するどころか、日本人が嘲笑っている間に、アメリカが真剣に警戒する規模と技術力を身につけてしまった。そのことは、現在進行中の経済をめぐる米中の激しい争いを見れば明らかだ。

アメリカが目の敵にしているファーウェイ。通信が次世代の産業の重要な位置を占めることは誰も否定できないうえ、その次世代通信技術「5G」で圧倒的な存在となっているのが同社である。

そんなものが、「フェイク」「張りぼて」「まやかし」と揶揄してきた中国から飛び出してきたことに、日本人は少なからず心のなかで驚かされたはずだ。「いつのまに……」と。

だが、**それは「いつのまに」ではなく「気づこうとしなかった」だけのこと**なのである。

今や日本にはファーウェイに対抗できる企業はなく、唯一の希望はアメリカがファーウェイを叩き潰してくれることだとしたら、あまりに惨めではないだろうか。

本当に中国が脅威ならば、弱いところも強いところも徹底的に分析すべきだろう。

「ヤツらはダメだ」「バカだ」「いずれ潰れる」と否定し、国内に同調圧力をばらまき、中国を冷静に分析する言論すら、「親中派」「中国寄り」「反日」と封じようと躍起になってきた。この〝大はしゃぎ〟の結末が、日本の自壊や他国に潰されることだとしたらどうだろう。この愚かさは、世界史のなかで反面教師として描かれても不思議ではないレベルだ。

易きに流れた国民の怠慢のツケは、計り知れないほど大きい。

懐が豊かになるにつれ払しょくされた〝気後れ〟

では、その間、中国人はどういう態度だったのか。

興味深い点は、**中国人の日本に対するイメージは、およそ日本が中国のイメージを悪化させたのと、ほぼ真逆の道をたどって修正された**ということだ。

80年代、多くの日本人の対中感情は安定して「いい」ものだった。それがいくつかの政治問題をきっかけに悪化していき、日本人の足は大陸から遠のき、最終的には現地を見ないまま、中国は「ダメだ」という決めつける言論が支配的になっていった。

一方、**中国人の日本に対する印象は、もともと「最悪」**だった。

被侵略国の国民が、侵略国の国民に悪い感情を抱くのは当然のことだが、中国では90年代から愛国教育という名のもと、自国の不名誉な歴史と共産党がいかにして侵略者から中国を救ったかという功績を国民に教育してきた。愛国教育のなかで常に侵略者として描かれたのは無論、日本であったわけだから、これが中国人の対日感情の悪化に拍車をかけたと考えるのが自然だ。

そうした中国人の対日感情は、当初、時間をかけて世代交代を待つ以外に解決策はない、と考えられてきた。しかし観光に訪れた中国人が自らの目と耳で見聞することで、徐々に日本の印象は修正されていったのである。

訪問前のイメージが最悪であったからこそ、現実とのギャップを目の当たりにし、彼らに自問のきっかけを与えたのだろう。

もう一つ忘れてはならない要素がある。

それは、中国が経済大国としての地位を国際社会に確立したことだ。沿岸部を中心に国民の収入にも余裕が生まれ、彼らが海外に出て〝爆買い〟することで自信を持ち、外国に対し余裕をもって接する環境が整ったのだ。

自国の経済的な台頭は、ニュースなどで知ってはいたものの、海外の観光地を実際に訪れ、そこに中国語があふれている現実を知ることの衝撃とは比べようもない。

これは単に日本に対する自信の回復だけではなく、すべての外国に対しての変化なのだ。**暗黒の近代史から「貧しい戦後」を過ごしたことで、引きずるようになった一種の〝気後れ〟を、自らの購買力を見せつけることで払しょくした**のである。日本の70年代、80年代と一緒のことだ。

懐が豊かになり気持ちも緩むなか、対日関係において、ずっと対立を続けてきたことへの単純な倦《う》みや疲れも手伝い、加えて同時に多少なりとも世代交代が進んだことも作用したといえるだろう。

いずれにせよ〝国民監視〟という桎梏《しっこく》を解かれた習近平指導部は、日本との関係改善へと本格的に動き始めたのだ。

中国の日本に対する「すり寄り」の本質

だが一方で、中国が日本の出方に警戒を解けずにいたのは、前述したとおりだ。弱まったとはいえ、「政冷経熱」の基本形はそう簡単に崩れたわけではなかった。

その痕跡は、首脳会談に向けた動きのなかでも散見された。たとえば、首脳会談の日程が直前になって変更されたことだ。

日本側は当初、安倍首相の訪問を2018年10月23日として調整を行っていた。だが、直前になって中国側の一方的な都合で25日に延期。そのため、日本政府が当初配布した資料には、首脳会談は「23日」と記されていたのである。

そうなれば、自然、気になるのがどんな事情で延期されたのか、ということだろう。どれほど重要な用事だったのか、と。

習主席の当日のスケジュールを見てみると、やはり答えはそこにあった。なんと同時期に開通した「港珠澳大橋《ガンヂューアオダーチァオ》」(香港とマカオ、珠海を、海上を走る高速道路で結ぶ一大プロジェクト、英語名：Hong Kong-Zhuhai-Macau Bridge）の式典に出席していたのだ。そして、その足で広東省を視察していることがわかったのである。

これを知って、「なるほど、そういう事情だったのか」と納得する人は少なかろう。だが実際、この一連の流れを報じた中国メディアの扱いも微妙なものであったのだ。

安倍首相との首脳会談に臨む前、習主席は広東省の南部戦区を視察してから北京に駆けつけている。ところが、中国中央電視台（ＣＣＴＶ）の「中国新聞」のように**軍の視察をトップニュースで扱い、その次に日中首脳会談をラインナップしたニュース番組も少なくなかった**のだ。

習主席との会談が予定されている先進国トップの公式訪問であれば、枠を拡大して報じても不思議ではなかったはずだ。

李総理の出迎えた前段の国賓待遇での歓迎ぶりは、確かに日中の「氷を解かす」印象を日本側に与えていたが、細部において中国は、こうした微妙なバランスを動かせることを忘れていなかったのだ。

要するに、中国側は「何か」がひっかかっていたのだ。

ところが、**安倍首相の公式訪問を受けた中国の思惑を、日本のメディアはなぜか一律に**

一つのキーワードでくくってみせた。それは、中国が「すり寄ってきた」というもの。すでに本書で指摘した微妙なニュアンスはものの見事にネグられてしまったうえ、中国が日本に「すり寄らなければならない」理由として、米中対立で中国が窮地に陥ったことばかりが指摘された。

主要紙の見出しを並べてみよう。

〈日中首脳会談　新たな関係への一歩に〉
「そもそも日中接近をもたらした主因は、米中間の対立だ」
『朝日新聞』（社説）

〈節目の日中首脳会談　7年ぶりの成果を弾みに〉
「中国が対日姿勢を大幅にやわらげた背景に、米中間の緊張の高まりがある」
『毎日新聞』（社説）

〈日中首脳会談、打算の接近どう生かす〉
「トランプ米政権に攻め込まれる中国が、対日関係の改善に活路を求めた結果だ」
『日本経済新聞』中国総局長　高橋哲史

やはり横並びで、「米中対立」によって、劣勢に陥った中国が日本に接近したという解説である。

もちろん、トランプ政権の仕かける対中圧力が、日中の距離を縮める作用をしたことを否定するつもりはない。だが、それは非常に短期的な要因であって、そもそもの動機にはなり得ないのだ。

「何を小さな違いばかり指摘して――」と思われるかもしれないが、決してそうではない。ここに重大な誤解へと読者を導く問題が隠されているのだ。

もし、すべての理由を一見わかりやすい「米中対立」で説明すれば、日本がなぜ中国を求めたのか、そして中国がなぜ日本を必要としているのか、といった本質を見失うことになるだろう。なぜなら、米中対立はなくとも、日中は接近せざるを得ない理由を抱えていたからだ。

第2章

消費者の選択

～世界中が陥った過度な〝中国シフト〟～

2014年に習近平が見せた日本への〝微笑〟の意味

中国という「巨艦」が方向転換しようとすれば、ある程度の時間が必要である。

事実、日中両国は、米中対立が深刻化するずっと以前から、互いに接近を模索してきた。そんなことをいきなり言われても、ピンとこない読者も多いことだろう。だが、そのサインは実にさまざまな場面で発されてきた。

私の知る限り、少なくとも2015年の後半あたりから明らかな兆候が確認できる。実に、2018年秋の首脳会談からさかのぼること3年も前のことだ。そこに触れる前に、さらに時計の針を首脳会談から4年ほど巻き戻してみよう。

安倍首相を渋面で迎えてから5カ月後の2014年5月、両首脳はバンドン会議60周年の行事に出席するため訪れたインドネシアのジャカルタで再び会談を行った。実は早くもこのとき、習近平主席の表情には緩みが見られたのだ。

会談では冒頭、習主席が、

「(北京APECの首脳会談後)両国の政府と国民の努力により、日中関係には一定の改善が見られている」

と言及。

一方、安倍首相は、

「習主席と再会できてうれしい。北京での首脳会談以降、日中関係が改善しつつあることを評価したい。日中関係の発展は、両国国民の利益であり、また、『戦略的互恵関係』の推進によって地域と世界の安定と繁栄に貢献していくことは、われわれの責務である」

と答えた。

会談の中身を紹介した外務省のホームページでは、その後、習主席が「日中関係のさらなる関係改善のために中国側が重要と考える点」として、「歴史認識についての中国側の立場や『一帯一路』、ＡＩＩＢについても言及があった」とある。

「歴史うんぬん」はお定まりのセリフだが、注目すべきはその次の部分だ。

習主席が表情を崩したことで、日本では「ほほえみ外交の真意は？」「騙されてはダメだ」などと懐疑や憶測が百出したが、何のことはない。**中国側は、どストレートに本音を語っただけ**なのだ。

どういうことか。

要するに、日本との距離を本格的に縮めるためには歴史問題が大切だが、一方で、**「距離を縮める目的は『一帯一路』を盛り上げるためであり、それに付随するAIIB（アジアインフラ投資銀行）もよろしく」と、とてもわかりやすく述べている**のだ。

「一帯一路」の性質についてはのちに詳しく触れるが、とりあえずは成熟期に向かい始めた中国経済を外から温める〝強力な成長エンジン〟を、中国が渇望していると考えておけば間違いない。

かつて毛沢東は、「政治は経済のため」と語ったことがあるように、14億の民を食べさせるという難業は、党中央にとって常に最優先課題だ。

だが、ここで注意深く読み解かなければならないのは、中国のシフトチェンジが「一帯一路」のためであれば、その軟化は当然、日本だけをターゲットにしていたわけではなかったという点である。どの国と強く対立することも「一帯一路」には不利に働く。つまり、あくまでも全方位外交的な方向への変化であったのだ。

ただし、日本への〝微笑〟は変化のサインである一方、この時点ではまだ「対立を先鋭化させない」程度の修正でしかなかった。

なぜ、クリミア問題が中国に変化を促したのか？

先にも触れたように、国家主席就任前後の習近平の姿勢は「対外強硬的」であった。日本に対しては歴史問題で厳しく、その他の国に対しても一切の妥協もしないといったスタンスだった。その**象徴的な言葉こそ「核心的利益」**である。

だが、**自国の利益は何としても譲らないという頑なな態度から、現在のように口先だけでも「運命共同体」と繰り返すようになるのは、中国がある時点から西側世界との協調がマストであると思い知ったから**である。

中国に変化を促す重要な要素となったのが、実はクリミア（ウクライナ）危機だ。中国政府の対日姿勢の変容は、その底流でクリミア問題をめぐる米中関係の微妙な変化が作用していたのである。

２０１４年２月、ヤヌコビッチ大統領時代のウクライナでは、ＥＵ加盟から親ロ路線へと、にわかに舵を切った政権に対し不満を募らせていた人々が、首都キエフで大規模な反政府デモを繰り返し、最終的にヤヌコビッチ政権を倒してしまった。これに危機感を覚えたロシアが武力を背景に影響力を行使。同国南部のクリミア自治共和国及びセヴァストーポリ特別市（以下、クリミア）のロシア編入の是非を問う住民投票を仕かけ、結果としてウクライナからの同地域独立を宣言させ、ロシアへと編入してしまったのである。

このロシアの行動に対し、２０１４年7月のＧ７で対ロ制裁が決まり、日本も外国為替及び外国貿易法（外為法）に基づく資産凍結等の措置（支払及び資本取引規制）などを講じることとした。

しかし中国は、こうした西側先進国の動きに同調することなく、一定の距離を置く。これは習近平外交というより、中国の伝統的なスタイルだ。**自国と直接利害のない問題に対しては、徹底して旗幟《きし》を〝不鮮明〟にする**のである。

ところが翌15年1月21日、中国は唐突に態度を急変させる。ウクライナのポロシェンコ新大統領と会談した李克強総理は、突然、「中国は常にウクライナの国家主権、独立、領土保全を尊重し」（中国駐日大使館ホームページ）と語り、世界を驚かせたのだ。この発言に最も驚いたのがポロシェンコ大統領だったと言われるほどで、同大統領が「この話を公開してもいいのか」と念を押したという話まで流れたのである。

ロシアに配慮して曖昧な態度をとっていた中国が豹変した背後には、オバマ政権が中国に示した強烈な不満があったとされる。

２０１４年11月、習主席と会談したオバマ大統領は、中国もクリミア問題についてロシアを非難することを強く求めたが、習近平は最後まではぐらかした。これに業を煮やしたオバマ大統領が、この会談以降、急速に中国と距離を取るようになる。それまでのオバマ政権は、中国が求めるまま、「新型大国関係」という表現を使っていた。しかも、中国に親しみを込めて。ところが、それも一切やめてしまったのだ。

慌てた中国は、この後、急速に対米重視へと傾いていったのである。

中国経済の発展は、西側世界との強い結びつきがあってこそ成立するのだと、改めて意識させられ、また、今後の発展にもそれが不可欠であるという現実にもきちんと目を向けた結果だろう。

この認識が対西側、ひいては日本に対する態度にも影響したのである。

他国を巻き込んでつくり上げた「日本批判」の国際世論

グローバル経済の〝申し子〟としても、アメリカを頂点とした西側経済との強い結びつきのなかで経済発展を享受した中国にとって、外交環境の安定はマストであった。さらに「一帯一路」を軌道に乗せ、国民生活の向上を目指さなければならないのであれば、なおさらだ。

日本との距離を縮めようとした中国の、初期の段階での動機がここにあったことは間違いない。

だが、政治と経済が常に別の方向へと進むのも、日中関係の一つの宿痾《しゅくあ》でもある。

2015年、中国は「中国人民抗日戦争・世界反ファシズム戦争勝利70周年」(以下、「抗日戦争勝利70周年記念」)記念行事へと向かっていた。

日本は、再び中国からの強い歴史認識のプレッシャーにさらされることを覚悟せざるを得なかった。**被侵略国である中国が、「抗日戦争勝利」を祝うとなれば、大音量で日本の過去を責め立てるだけでなく、他国を巻き込んで右傾化する日本をやり玉に挙げる戦略をとってくることは避け難い**と思われたからだ。

なかでも習主席は、先述のように歴史認識問題でとりわけ日本に厳しい態度で接する指導者だと考えられていた。たとえば2012年9月、国家副主席時代に、訪中した米パネッタ国防長官との会談で日本を痛烈に批判したこともあった。

会談の様子を伝えた『デジタル朝日』（２０１２年9月20日付）の記事には、こうある。

――中国の習近平（シーチンピン）・国家副主席は19日、訪中した米国のパネッタ国防長官と会談し、「日本軍国主義は米国を含むアジア太平洋国家に大きな傷を与えた」としたうえで、日本政府の尖閣諸島国有化について「日本の一部政治勢力は（歴史を）反省せず、茶番を演出した」と批判した――

習氏のこうした姿勢は、国家主席になっても変わらなかった。

２０１４年3月28日には、ドイツ訪問の際にベルリンで行った講演のなかで、「日本は30万人以上を虐殺した」「日本軍国主義が発動した侵略戦争で３５００万人以上の中国人の死傷者が出た。残虐行為は今も我々の記憶に鮮明に残る」と語っている（２０１４年3月29日付『日本経済新聞』）。

戦後の日本は、平和憲法の下で発展し、対外援助も積極的に行い、ソフトなイメージを世界に定着させてきた。とはいえ、現在の世界秩序は戦勝した連合国によって築かれたものだ。中国が行く先々で、日本が密かにその秩序に挑戦しようとしていると喧伝し続ければ、その立場は厳しくならざるを得ない。

かつて小泉純一郎首相は、靖国神社への参拝を繰り返したことで中国との対立を深めていった。ところが、それだけにとどまらず、参拝を戦後秩序への挑戦と位置づける中国の宣伝戦略によって、アメリカをはじめ多くの国が、この問題に懸念のコメントを寄せるという事態を招いてしまったのだ。

単純に「国のために戦った死者の霊を慰める」ということであれば、理解も得られただろう。だが、その背後に過去の戦争を肯定する考え方があれば、中国は決して見過ごさない。そして、たとえそれが**中国の勘違いであっても、イデオロギーの壁を越えて日本批判の国際世論を形成することなど、難しいことではない**のだ。

ヒトラーそっくりの安倍首相蠟人形に対する猛批判

その中国が歴史問題で日本を傷つけようと目論むならば、２０１５年の「抗日戦争勝利70周年記念」の行事こそ絶好の舞台だったはずだ。

しかし、驚いたことに**２０１４年から年をまたぐころにかけて、中国の歴史認識におけ**

る日本攻撃のトーンは、急速に和らいでいったのである。それも、記念行事が近づくにつれ、「歴史を直視しろ」という決まり文句どころか、「和解を象徴する場所」という聞き慣れない言葉がメディアで目立ち始めるようになっていく。

代表的であったのは、中国外交部に属するシンクタンク・中国国際問題研究院の阮宗沢《ルアンツォンズー》副院長が行った発言だ。

阮氏は、「抗日戦争勝利70周年記念」行事について、「(日本は)過去の問題と向き合い、かつ和解のための一つの機会とすべき」だと語ったのである。

つまり**２０１８年10月、われわれが目撃した安倍総理と習主席の笑顔の握手は、まさに日中関係が滑走路から飛び立つ瞬間であって、助走は２０１５年から静かに始まっていた**と見ることができるのだ。

その間には、南シナ海問題などがあり日本と中国が互いにけん制し合う場面も多々あったものの、大きなトレンドで見れば、ほぼ3年間ずっと右肩上がりで日中関係は改善してきたといえる。

なかでも注目すべきは、中国の国民感情の加速度的な変化だ。

「抗日戦争勝利70周年記念」行事が行われた裏側では、実は、通常ならネット上にあふれたであろう日本への罵詈雑言が、ほとんど目立たなくなっていたのである。

これについて私は、『中国は腹の底で日本をどう思っているのか』（PHP新書）のなかでも、詳しく触れたことがある。同書のなかで、当時、取材した外交部のOBの話を紹介しているのだが、彼は、「春節期に日本を訪れ六十億元もの〝爆買い〟をした中国人の行動を見ても、国民は口では反日を唱えながら、心はすでに日本人を認めているのではないか」という見方を披露している。

強く印象に残る言葉で、当時、寒さはまだまだ厳しくとも、確実に春へと向かう兆しがあることを感じられた。

翌16年11月には、変化を象徴する話題がネットを駆け巡った。

舞台は瀋陽《しんよう》市のショッピングモールで開かれていた蠟人形展だった。会場には各国首脳の人形がずらりと並んだのだが、アメリカのオバマ大統領、ロシアのプーチン大統領と一緒に展示された安倍首相だけが、なぜかヒトラーそっくりにつくられていたのだ。おそらく展示会の主催者が、イベントを盛り上げようとウケを狙ったのだろう。

ところが、あにはからんや中国のネットでは、主催者に対する激しい攻撃が巻き起こったのである。「恥ずかしいことをするな」「すぐにやめろ」「こんなことを中国人は望んでいない」といった批判が相次ぎ、結局、主催者は慌てて安倍首相の蠟人形を撤去せざるを得なくなってしまったのだ。

以前の中国にも、度を越した反日言動を冷ややかな視線で見ていた人がいたことは間違いない。だが、あの騒動のときのように、**日本を攻撃する展示を公然と批判する声が湧き上がることなど、かつてない現象**であった。

中国人観光客が落としていったカネは韓国人の3倍

繰り返しになるが、こうした変化をもたらした一つの大きな要素こそ、インバウンドである。中国人観光客の増加は、確かに中国人の日本への印象を変える大きな転機となった。

ただし、誤解してはならないのは、中国人は観光地としての日本のよさと政治を明確に区別し、「これはこれ」と割り切っている面もあるということ。日本人の「10ゼロ」的思考で、完全に日本への印象が逆転したというとらえ方はしないほうがいいだろう。

ともあれこうした変化は、日本が経済的に中国人観光客に依存し始めたことも意味する。

昨年、インバウンド3000万人超えを喜んだ人のなかで、その最大の推進力が中国からの観光客であった事実を知らない者はいないはずだ。

先述のように2018年、中国からの訪日客は対前年比で13・9％増え、約838万人となった。当然、全訪日外国人中最も多かったのだが、その影響力は単に人数に限った話ではない。

大きいのは、彼らが旅行で落とす金額である。

たとえば、人数では中国に次いで2位となった韓国からの訪日客は約754万人。差は、84万人でしかない。だが、これが一人当たりの消費金額となると、がぜん大きな差となる。

韓国の観光客が一人平均7万8084円を消費しているのに対して、中国人観光客は22万4870円と3倍近く使っているのだ。

また昨年、日本を訪れた外国人が旅行で消費した金額は、計4兆5189億円にも上ったが、**国・地域別で構成比をみてみると、中国が1兆5450億円となり、全体の34・1％を占めている**。

政治的な対立イメージや、PM2・5に代表される大気汚染への懸念もあり、日本から中国への観光客がほとんど途絶えている現状を思えば、日本が一方的に受け取る経済的な利益の大きさがわかる。

しかも、中国人観光客の日本での消費金額は、欧米を訪れた中国人に比べてはるかに低く、個々の単価にはまだまだ潜在力を秘めているのだ。

ちなみに、**国・地域別外国人の消費金額では、２位が韓国で５８８１億円（13％）、３位が台湾で５８１７億円（12・８％）４位が香港で３３５８億円（７・４％）とアジアが続き、この４カ国・地域だけで７割近くを占めている**ということも、われわれは認識しておくべきことだろう。

今年２０１９年、統計不正問題——景気動向や経済政策の指標となる重要な統計が、調査を行う厚生労働省によって不正に歪められていた問題——が国会で火を噴き、与野党攻防の焦点となって以降、場外ではアベノミクスの成果に対する疑問の声が湧き上がった。

思い返せば２０１８年秋の自民党総裁選でも、安倍首相とその対抗馬で一騎打ちとなった石破茂元防衛大臣が、この点をめぐって激しい論戦を繰り広げた。論争のなかでは、政権が喧伝した「アベノミクスの成果」といわれるものが実は政策とは関連性がなかったことを、石破氏が一つひとつ論証していくシーンが何度も見られた。

だが、そんな真剣勝負の攻防にあっても、インバウンドの効果だけは否定されることはなかったのである。要するに、**政権が手放しで自慢できる数少ない「明るい材料」こそが**

インバウンドだったのだ。

コントレベルの自己矛盾にすら気づかない〝中国通〟たち

そのインバウンド収入の3分の1以上が中国からもたらされている現実を、一体どれだけの日本人が意識しているだろうか。

バラエティー番組やワイドショーにチャンネルを合わせれば――とくに関西のテレビ局が製作するものに多いのだが――、こうした現実を無視して、当たったためしのない「中国崩壊論」や「習近平失脚説」をしたり顔で話すコメンテーターや、中国人のマナーの悪さをとらえ「中国人なんか、もう来なくていい」とウケ狙いの発言をする芸人などをよく見かける。

だが、本当に中国人観光客が来なくなったとき――第1章で見たように、実際に彼らが香港を敬遠するようになったのは、中国人観光客排除運動が起きたことも一つの理由であった――、無責任な発言を繰り返す人々は、その損失分を埋める何らかの策を持っているのだろうか。

本音を語って何が悪いというかもしれないが、居酒屋や仲間内で話題にするのとテレビで「日本はこうすべきだ」と発信することは明らかに次元が違う。この点は〝素人〟の意見をそのまま発信するテレビ局側の問題ともいえるのだが、国の政治に物申すのであれば、その結果として招かれる利害にも責任が発生することを忘れてはならない。

政治の重要な役割の一つは利害の調整であり、調整には選択がつきまとい、選択と排除は表裏一体である。**「中国人なんか」と切り捨てる――同じことは対韓国でもいえる――というならば、日本はたちまち1兆5450億円――韓国の場合は5881億円――を失うことになる**のだ。

中国から訪れる観光客が、仮に1兆円分の売り上げを日本に落としていると考えれば、何人の生活を支えていることになるだろうか。500万円の売り上げならば、約20万の店や従業員に恩恵が及んでいることになる。それぞれ単純化し3人家族だと仮定すれば、**インバウンド景気が消滅した場合、人口にして60万人の生活に破壊的なダメージをもたらす**ことになる。そうした犠牲と引き換えに日本が何を得るのか、放言を続けるコメンテーターらは、きちんと説明できるのだろうか。

ついでに、中国情報の〝質〟についても触れておこう。日本には今、政府も含めて「なんちゃって中国情報しかない」と断言できる。「戦後最悪」と形容される関係にとどまらず、日本には「アメリカに叩きのめされる中国」を切望する空気が満ちていたことを、気の利いた中国人なら、みな知っている。つまり、彼らにとってそういう頭でいる日本人と接触することは、リスク以外の何ものでもないのだ。

誰が何をしゃべったかおよそ見当のつく中国で、政治の機微に触れるような〝良質な情報〟を、敵意むき出しの日本人に対し、誰が親切に教えてくれるというのか。

また、非民主的な監視カメラで行動が逐一チェックされ、情報もすべて抜き取られているると自ら指摘しながら、他方で共産党政府の人事の話題を振られれば、「実は、習近平は来年危ないらしく……」という〝独自情報〟を情報番組で披露できる。そんなことが本当に可能だと、日本の視聴者は思っているのだろうか。

〝コント〟としかいいようがないレベルのバカバカしさだ。

インバウンドの利害から見ても、〝気分〟ではなく1億3000万人の生活を〝考慮〟しなければならない。そんな国の立場にしてみれば、中国を訪れて関係改善に踏み出すのは当たり前の選択でしかない。無論、安倍首相が習近平国家主席と会談し、関係改善を進めた一つの動機もここにあったということだ。

共産党幹部の頭のなかで鳴り響く大音量のアラート音

もちろんインバウンドは、あくまで関係改善の一要因にすぎない。

日本経済の実情を見渡せば、中国との距離を縮めなければならない理由など、枚挙にいとまがないほど見つかる。

グローバリゼーションの視点から、さらに話を進めていこう。

実は、**日本人が中国経済減速の実態をはっきりと知ったのは、皮肉にも２０１９年１月１７日、主要企業の四半期決算発表が集中したとき**であった。**日本の有名企業が軒並み同年３月期の業績予想を下方修正した**のである。

つまり中国からの需要が激減し、日本の企業にその影響が及んだことがきっかけだったのだ。

時事通信の記事（２０１９年２月７日付）は、２月７日までに決算を発表した東証１部上場８７４社のうち、通期予想を下方修正した企業は１１７社にも上ったと報じている。

パナソニック、三菱電機、日本電産、日立製作所、東京エレクトロン、安川電機、商船三井……。日本人であれば、誰もが一度は耳にしたことのある有名企業ばかりだ。

見通しを修正した理由は何だったのか。会見に応じた各社トップがそろって口にしたのは、「米中貿易摩擦」であり、「中国経済の落ち込み」だった。

素直に受け取れば、米中貿易摩擦のダメージで中国経済が弱り、日本企業がそのあおりを受けたということだ。

だが、**実は中国経済の減速は、米中貿易摩擦が激化するそのはるか前から存在し、共産党政権を悩ませ続けていた**。

一つの背景として指摘されるのが、中国経済に訪れた〝老化〟だ。ハッピーな高速発展期を過ぎて、成熟期に入ったという意味でもある。数多《あまた》の先進国の例が示すように、そうした局面では力強く発展を支えた重厚長大型産業の勢いが陰り、経済成長の主役から徐々に外れていく。かつての日本でも「構造不況」と呼ばれた産業があった。**中国のケースでは、よりわかりやすく「オールドエコノミー」と呼ばれている**。

中国経済がかつての勢いを失いつつあるということは、内外の識者からもずっと指摘されてきた。そこに中国特有の理由があるわけではなく、むしろ「誰もがたどった道」といえるだろう。

いつか訪れる老化――。中国共産党の幹部たちがそれを意識しなかったはずはない。静かに忍び寄るタイムリミットのアラートは、日本が騒ぎ出すはるか前から、彼らの頭のなかで大音量で鳴り響いていたのだ。

２０１２年３月、第11期全国人民代表大会（全人代）第５回会議後の会見で、経済の構造転換の必要性を声高に叫んだ温家宝《ウェンジアバオ》総理も、その翌年に「一帯一路」構想を大々的にぶち上げた習近平国家主席も、これを何とかしなければならないという強い動機に突き動かされていたのである。

「ニュー」と「オールド」という二つの波の作用

この時期の中国のトップが抱えていた危機感については、のちに改めて触れていくが、中国政府は早くから一つの発展モデルを失う、いわゆる〝老化〟問題への対策を、いろいろと打ち出してきたのも事実だ。

そして、先見の明が開花につながったブレイクスルーもあれば、いまだ解決のメドさえ立っていない問題もあるというのが現状だ。

前者の典型が、ＩＴなど通信分野での躍進であり、製造業の高付加価値化の成功である。わかりやすく「ニューエコノミー」と呼ぶことにしよう。

中国という国の現状をきわめて大雑把に理解するには、最低限このオールドエコノミーの衰退とニューエコノミーの躍進という二つの波が、どのように社会に作用するのかを見ていく必要がある。

いくつもの巨大企業を生み出したネット商取引を苗床として、中国発のスマートフォン決算システムが海外にまで広がってきている現状や、それに付随して拡大を続けるシェア・エコノミーは、中国人のライフスタイルにさまざま変化を及ぼし、新旧企業の新陳代謝を促進し続けている。それが、中国社会を大いに活気づける要素となっているのだ。

実際、中国で次々に生まれてくるＩＴ関連の新しいテクノロジーが、その斬新性や技術力の点で、すでに日本のレベルを超えて進んでしまっている点も目立つ。

私は、２０１７年初、岡本行夫氏（岡本アソシエイツ代表、元首相補佐官）の依頼を受け、フジサンケイグループの勉強会の講師を務めた際、「今年は日本が、技術の点で中国に優位でいられる最後の年」と予言したが、結果はそれ以上のスピードだった。

ただし、**先端技術における中国の存在感の高まりは、それ自体がオールドエコノミーを**

救うものではない。

中国の頭痛の種が尽きないのは、炭鉱や製鉄の現場でリストラされる人々が、ITなどのニューエコノミーの人材として流動することなどないからだ。この二つのエコノミー領域の利益をつなげるためには、「サービス産業」という装置が間に必要である。中国政府がここ数年、経済政策の一つとして「サービス産業の育成」を叫び続けているのは、こうした事情があってのことだ。

わかりやすくイメージするならば、ITなどでひと儲けした人々が、贅沢な食事、買い物をするためのレストランやショッピングモール、長時間パソコンに向かい合った疲れを癒すためのマッサージサロン、あるいは知的労働に従事する共働き夫婦が、安心して子供を預けられる保育所やケータリング、配送サービスといった産業に、積極的にカネを落とす流れをつくりたいのだ。

ファーウェイ副会長の逮捕と「G6」という現実

2018年12月、カナダのバンクーバー空港でファーウェイの孟晩舟《モンワンジョウ》副会長兼最高財務責任者（CFO）が逮捕された。ファーウェイ事件の幕開けである。

逮捕劇は、米中の対立が今や貿易摩擦にとどまらず、安全保障分野にも深くかかわる技術覇権をめぐる両国の争いがあることを世界に知らしめた。だが、おそらく多くの日本人にとって、それまでファーウェイの名に馴染みなどなく、突然、次世代通信技術の新規格「5G」の分野で圧倒的な存在感を持つ中国企業だと報じられても、実感は湧かなかったに違いない。

一方で、とりわけ通信端末（スマホなど）や通信基地局の建設において、ファーウェイのライバル企業として日本企業の名が一つも出てこない現実は、「中国崩壊本」に毒された頭には強い刺激となったことだろう。

次世代通信5Gは、中国では2019年後半の商用化もささやかれているが、**研究の段階も含めれば、すでに「6G」の世界もスタートしていて、技術のレベルが上がるごとに、ファーウェイの存在感も高まるといわれているの**だ。

このファーウェイが築いた独占的な地位と将来へ向けた潜在力が、アメリカの警戒心を呼び起こした。そしてトランプ政権は、孟晩舟CFOの逮捕をきっかけに、従来から蓄積してきたフラストレーションを爆発させ、ファーウェイ製品を使い続ければ安全保障上の問題が生じるとして、自国だけでなく同盟国にも実質的なファーウェイ排除を呼びかけたのである。

これが世界に与えた衝撃は計り知れない。

一つ目の衝撃は、各国の自国経済に対する直接的なダメージである。これはグローバル化の進展とともに、貿易を通じて好悪双方の影響が容易に伝播することによってもたらされるダメージだ。詳細は後述しよう。

そしてもう一つは、各国が安全保障と経済のバランスのなかで苦しむという問題であり、アメリカと中国の板挟みになる〝選択〟の問題だ。

多くの国が財政的な問題を抱えながら、少しでも安く次世代通信インフラを整備したいと考えている。そうしたなか、最も小さな投資で済む中国系企業を選択肢から排除しなければならないとしたら、どうしてもインフラ整備は遅れてしまう。

これは、次世代通信技術をベースに生まれてくる新たなビジネスにおける競争で、大きく出遅れることを意味するから深刻だ。

さて、一つ目の直接的なダメージにおいて、最も深手を負ったのは、当然中国であった。

中国では、米中が報復関税をかけ合うという応酬に入った瞬間から、主に広東省を中心に

経営者のマインドが少しずつ冷えていった。

同省には対米輸出で利益を上げてきた企業が多い。そのため、米中の対立がどこまで深刻化するのか、空模様を眺めるように投資を手控え始めていた。だが、ファーウェイ問題を受けトランプ政権が包囲網を敷くことが明らかになると、「厳しさが長期化する」との見通しが広がり、**潮が引くように新規投資がストップしていった**のだ。なかには、さっさと工場をたたんでしまった者すらいる。

中国経済は〝老化〟により、じわじわと後退していたが、これに米中貿易摩擦が追い打ちをかけたのである。

だが、グローバル経済の下で各国間の距離が縮まった今、影響が中国国内にとどまることはなかった。**中国景気が冷え込むというダメージの直撃を食らったのは、なんと日本だった**のだ。

2019年の業績見通し下方修正が教えてくれること

2019年2月、日本の企業がそろって業績見通しを下方修正せざるを得なかった理由こそ、先述のように、この中国経済の減速の影響である。

四半期決算発表の会見のなかで、とくにメディアの注目を集めたのは、連結純利益を従来の最高益の見通し（当初は12％増の予測）から、一転して減益予測へと下方修正した日本電産であった。

同社の永守重信会長は、米中貿易摩擦により激減した中国需要（２０１８年11月、12月）の落ち込みについて、「尋常でない変化が起きた。46年経営を行ってきたが、月単位で受注がこんなに落ち込んだのは初めて」と会見で嘆いてみせた。

尋常でない落ち込み——。

本書でもたびたび触れたように、米中貿易摩擦が経済戦争へとヒートアップし、二つの大国の覇権争いが出口の見えない様相を帯びてくると、日本には、「いよいよアメリカが中国という〝問題〟に気づいてくれた」と、春の到来を喜ぶかのように、浮かれた空気が広がっていった。

アメリカにロックオンされた中国の危うい未来を想像してか、はたまた勢いを失いつつある中国経済が本格的な失速へと向かうことを期待したものか、一部メディアを中心に、「やっぱり中国は崩壊する」といった論調が勢いを増していったのだ。

日本人の対中感情が悪化するのに合わせて、声を張り上げていった中国崩壊論の特徴は、まるで対岸の火事でも見るように「中国の崩壊が起こる」と予言することだ。ところが、そうした人々は、中国経済減速のニュースとほぼ時差なく発生した、日本を代表する大企業が続々と業績不振の会見を行ったことを、どんな気持ちで見守ったのだろうか。

まさか、日本企業の業績が傾こうとも、中国がアメリカによって弱体化されれば、それで満足だと考えていたわけではあるまい。

日本が傷つかない中国崩壊などあり得ないことは、日本企業が中国へ進出していった過程を見ていれば、あまりにも明らかだ。「騙された」「ひどい目に遭った」という話は偏西風に乗ってたくさん聞こえてきたが、では、それが対中ビジネス全体を表現する実態だったのか。そう問われれば、明らかに答えは「否」であったことは、ほとんどの企業が再投資を繰り返し、関係を拡大させていったことからもわかる。

しかも、それは日本だけではなかった。

中国進出を本格的に見直そうとする動きは、どの先進国でも起きていないのである。それどころか、大企業のほとんどは対中依存を深めていき、最終的に「決算が中国ビジネスの成績次第」という状況にまで至ってしまったのだ。

この対中依存のトレンドは、中国が製造業としてのレベルを高め、「技術移転の強要」が日本の経済界にとって頭の痛い問題となった後も変わらなかった。

なぜなら、中国はすでに、「世界の工場」から「世界の市場」へと変化を遂げていたからである。中国の製造業は、日本との間に以前ほどの相互補完関係を持たなくなり、ライバルとしての色彩を強めていた。それでも日本が、「中国以外」の選択肢を持たなかったのは、日本で〝爆買い〟ができるくらいまでに至った、高い購買力を持つ中国国民という「マーケット」こそが重要になったからである。

つまり**中国は、日本にとって確実に利益をもたらしてくれる相手となった**のだ。

驚異のモラルハザードと笑えない修正力

中国の数字――GDPをはじめとするさまざまな経済統計――が「信用ならない」という指摘は、80年代から中国をウォッチし続けてきた私にとって、耳にタコができるほど聞かされた話だ。中国の経済発展が、「まやかし」とか「実体がない」と説明する際に必ず用いられる常とう句でもある。

実際、90年代には、日中が互いに貿易赤字に陥るといった不思議な統計にもお目にかかったことがある。

だが、2001年にWTO（世界貿易機関）に加盟し、世界経済に対する寄与度が大きくなるにつけ、世界の監視の目も厳しくなってきている。そうしたなか、どこまでもそんな「まやかし」が通るはずがない。

中国のGDPは、大雑把にいえば貿易と投資（設備投資）と個人消費によって成り立っている。このうち90年代から2000年代までは、貿易と投資のボリュームが圧倒的に大きかった。

貿易に関しては、当然、相手国も統計を発表するのであって、中国単独で数字を出すわけではない。つまり2000年代当時から、すでに不正確な統計を出しにくい構造になっていたのだ。

投資は中国経済において、長らく景気の加減速の調整弁と位置づけられてきた。そのため、**国民の要求の高まりに応えて、景気対策を打ち借金を膨らませるという問題の温床となってきた**。手っ取り早く景気対策をしようと思えば、財政状況を顧みずに各地で国土を掘り返せばいいとの発想で、とにかく、その規模が凄まじかったのだ。

私がかつて、日本の某重機メーカーの幹部と話をする機会を得たとき、その幹部から「ここ十数年、世界の重機のおよそ4割が中国で稼働している」と聞き、非常に驚いたことがあった。だが、この話には続きがあり、なんとわが**日本もかつて世界の重機の4割を稼働させていた時期があった**というのだ。国土面積が中国の26分の1にすぎない国が、そこまでやったとすれば、のちに財政赤字で苦しむことになっても、何ら不思議ではない。

一方、中国の投資には、国が安易に公共事業を打つという問題のほか、中央と地方の政策の不統一という問題もある。

地方政府が数字を〝化粧〟するため、公共事業を乱発して財政を傷つけるという問題だ。地方のトップが自らの実績をアピールして北京へと出世する、政治的なインセンティブが働いてしまっていたのだ。

そのため私も、「中国のGDP値はいい加減なのか？」と問われれば、「地方のGDPの総和が、中国が公表するGDPの値を大きく上回っているから間違いない」とし、「それは地方の書記の野心のため」だと——これも20年前から言い続けて、いい加減うんざりしながら——説明してきた。

だが、実際のところ、こうした話も実は古くなって久しい。

２０１２年以降、第２次産業の誘致は地方の書記の得点にはならず、第３次産業の育成や消費の喚起、ハイテク産業の育成、ＧＤＰ単位当たりのエネルギー消費量の減少、脱貧困といったテーマのほうがはるかに重視されているからだ。

もっとも、２０１７年秋に開かれ、習近平への権力集中が決められた、５年に一度の党大会（中国共産党第19期全国代表大会＝19大）を見る限り、習近平へのゴマスリのほうが、はるかに出世の早道のようでもあるが……。

この問題を違う視点から見れば、「地方が中央の政策に従わない」典型例となる。２００７年、李克強（当時は遼寧《りょうねい》省書記）が地方政府の出すＧＤＰの値に不信感を表したのは象徴的だ。だからこそ、習指導部は地方から税金を取り上げ、中央集権を進めているのだ。

おそらくその結果だと思われるのが、『日本経済新聞』（２０１８年12月18日付）が報じた〈中国、９省・自治区で「マイナス成長」査察強化で水増し是正か〉という事態である。**中国には確かに驚愕のモラルハザードもあるが、それを笑ってばかりもいられない「修正力」も備えている。その事実を見過ごすし、判断を誤り続けてきたのが、日本のチャイナウォッチャーたち**なのだ。

もし仮に中国の出す数字がすべて「ウソ」で、その虚構の経済発展がある日もろくも崩れ去り、「やっぱり中国のやっていたことはすべてマヤカシだった」となったとしよう。だとしたら、日本人が毛嫌いする共産党の政策によって豊かになった中国の観光客が目の前で〝爆買い〟し、日本の企業業績が中国次第で揺れ動いているという「現実」を、一体どう説明するのか。むしろ、「マヤカシ」「虚構」と叫んでいた人々こそ「ウソつき」だったというのが「現実」だったのだ。

2019年2月、ハノイでトランプ大統領が語った本音

話を前に進めよう。

2008年のリーマンショックに誘発され金融危機に陥った世界は、それまで新興国の潜在力を引き出すことで成長を続けてきた。そのことは衆目の一致するところだ。なかでも、その中心にいたのが中国である。

2018年、李克強総理は全人代の活動報告のなかで、「世界の経済成長への寄与率は30％を超えた」と胸を張った。30％という数字が正確かどうかはさておき、世界が中国に依存している現実は否定できない。とくに日本の場合、自動車産業の動向一つとっても、それは明らかだ。

中国が「世界の工場」として存在感を高めていった時期、グローバル化が進展する世界に築かれていったのがサプライチェーンであった。中国が担うようになったのは、最終工程者としての役割だ。単純化していえば、各国が持ち寄った部品が中国で組み立てられ、その完成品をアメリカをはじめとする世界各地に向けて輸出するという流れである。

賢明な読者には、私がこれからどんな話をしようとしているのか、もうわかってしまったかもしれない。

そう、貿易摩擦の複雑な様相についてだ。

具体的には、**トランプ大統領が掲げる「アメリカファースト」も、中国をターゲットにした報復関税の波状攻撃も、そもそも日本にとっては対岸の火事ではなかった**のである。トランプ大統領は、その選挙戦中から貿易赤字への苛立ちを隠さなかった。そして、その怒りは中国だけに向けられたものでもなかった。

対メキシコ、対カナダ、そして日本に対しても貿易赤字が膨らんでいると、名指しで攻撃を行ってきていたのだ。

この問題が意外に根深いことを、日本自身が実感する場面はこれまでにも多数あった。直近では、2回目となるトランプ大統領と北朝鮮の金正恩委員長の首脳会談が行われたハノイでのことだ。2019年2月28日、ハノイで記者会見に臨んだトランプ大統領の口から、日本との貿易で積み上がった赤字の問題が飛び出した。

米朝首脳会談ともベトナムとも関係のない、日本の貿易問題を取り上げる意味はたった一つ。相当な不満だ。大統領は、日本車の対米輸出を念頭に「とても不公平な状態が続いており、それを安倍首相も認めている」と語ったのである。

この5カ月前の2018年9月6日、米紙『ウォールストリート・ジャーナル』（WSJ）に、トランプ大統領の電話インタビュー記事が掲載された。ジェームズ・フリーマン記者のインタビュー記事だ。その記事で大統領は「日本との良好な関係」について問われ、「（日本とのよい関係は）もちろん私が彼らに対し、彼らがどれだけ支払う必要があるかを告げた途端に終わるだろう」

と述べている。

同様の発言がこれまで一度や二度ではないことを、日本人なら知っているはずだ。

できることなら最大のターゲット中国の陰に隠れてやり過ごしたいところだが、米中貿

易戦争における日本の位置づけは、実は単なる「トバッチリ」では済まないのだ。

この複雑な構造を理解するにあたって必要なキーワードは、「付加価値」である。

中国の対米黒字の裏に隠された日本の利益

ここ数年、日本の大企業の経営者たちの間では、「われわれは、自動車や電子部品を中国に輸出することで食いつないできた」という表現がよく聞かれた。

日本から基幹部品を提供して組み立てられた大量の完成品が、最終的にアメリカへと向かう流れを指摘したもので、これこそが、既述した「中国がアジア地域のサプライチェーンの最終工程に位置づけられた」という実態だ。

この構造に照らせば、**中国が積み重ねる大きな対米貿易黒字の裏には、日本が稼いだ黒字も隠れている**ことになる。これは韓国や台湾といった国・地域も同じだ。

つまり、**中国の対米貿易黒字は、アジア地域全体の貿易黒字**と見なすべきだろう。

今後アメリカが、この現実をどうとらえていくのか、予断を許さない。

日米貿易摩擦が激しさを増した80年代、日本は、対米貿易黒字を削減するためさまざまな努力をしてきた。それでも90年代末に至るまで、アジア地域における対米輸出のほとんどは日本からであった。

この構図がやっと崩れるのは、中国がＷＴＯに加盟する２００１年以降のことだ。

その前年の２０００年は、中国が世界中から工場を呼び込み、自国経済をさらなる高速発展の軌道に乗せる「起点」と位置づけた年だ。それでも当時、日本の主力輸出品とされた機械・輸送機器の対米輸出額は、アジア太平洋諸国全体の42・８％を占め、中国の13・３％に比べて圧倒的な存在感を示していた。

だが、周知のように、機械分野における日中の対米貿易関係は逆転したうえ、大きく差が開いている。２０１７年の中国の対米輸出額は、アジア全体の51・４％を占めるまで高まり、日本の19・７％を大きく上回っているのだ。（『通商白書２０１８年版』）

これを見る限り日本人が中国をライバル視し、安全保障問題も絡んで、感情を尖らせていったのもうなずける。

だが、対米貿易における日中の立場の逆転は、決してゼロサムの図式でとらえてよいものではない。**日本が減らした対米輸出のパーセンテージの多くは、日系メーカーが中国大陸に生産拠点を移したり、組み立てを委託したり、部品提供に転じたり、投資で配当を得**

るといった形を変えただけであったからだ。日本の黒字が中国の対米輸出の下に隠されたというのが実態なのである。

中国のWTO加盟後、日本の貿易構造も加速度的に変化していく。そして日本の最大の貿易相手国は、いつしかアメリカから中国へと変わっていった。

財務省が発表する貿易統計によると、2007年の日本の対中国貿易総額は27兆8745億円（17・7%）で、対米貿易総額の25兆2449億円（16・1%）を上回った。ただし、中国と香港を含めれば2004年には逆転――対中・香港＝22兆1999億円（20・1%）：対米＝20兆4941億円（18・6%）――してしまっていた。つまり、**日本の初期の対中貿易の多くが香港経由であったことを考えれば、その分岐点は04年前後**となるのだ。

思い返せば、サッカーアジアカップの試合後にスタジアム周辺で日本への激しい攻撃が起き、その後、反日デモのニュースが断続的に日本に届くなど、日中関係が険悪になっていくのは、この2004年のころからだ。これも両国民が、日中関係が新たな段階に入ったことを敏感に感じ、ストレスを蓄積した結果だとすれば、非常に興味深い現象だといえるだろう。

消費者が選択しなかった〝脱中国〟という非現実

日中関係の変化は、まだまだ続く。

貿易総額における日中逆転に続き、2009年には日本の最大の輸出先としてアメリカに代わり中国が浮上した。同年の対中輸出総額は10兆3256億円（18・9％）で、対アメリカの8兆7334億円（16・1％）を大きく上回った。なお、輸出額も貿易総額と同じく、中国＋香港の統計では、その2年前に逆転している。

輸入は、これに輪をかけて早く中国依存へと舵を切っていった。

統計によれば、それが顕わになるのは2002年のこと。輸入額は7兆7278億円で全体の18・3％を占めた。輸入を通じた中国との結びつきの強さは、われわれの身の回りに今もあふれている「メイド・イン・チャイナ」の現状が、何よりも雄弁に物語っている。それこそ衣料品に始まり、おもちゃ、傘、靴といった労働集約型の産業から食料品に至るまで、実に幅広く日本人の生活に浸透している。

もっとも、われわれの生活と「メイド・イン・チャイナ」の結びつきの深さを、否が応にも実感させられる機会は、当然、これまでに何度もあった。

たとえば、2007年末から北京オリンピックが開催される2008年の初頭にかけ、「毒ギョーザ」事件が起きた。中国・河北省《かほく》の工場から輸入された冷凍ギョーザに、農薬に使用されるメタミドホスやジクロルボスが混入されていた問題で、千葉・兵庫両県の3家族計10人が中毒症状を起こし、うち子ども一人が重態となった。

のちに輸出元である「天洋食品」の元従業員、呂月庭《リューユエティン》が犯行を自供（その後、中国で無期懲役の判決）。それを皮切りに、中国産食品の品質問題が次々と発覚したのだった。

中国産食品を拒絶する空気はまたたくまに日本列島を覆い、「メイド・イン・チャイナ」の評判は地に落ちたが、一方で日本の消費者は、〝脱中国〟が現実的ではないという壁にもぶち当たった。先述のように、中国製品が身の回りにあふれすぎていたからだ。

同じころ、アメリカでも中国産製品の品質を疑問視する声が高まった。中国産ペットフードを食べた犬が死亡する事件や、赤ちゃんの玩具から有毒物質が検出されるなどの問題が相次ぎ、巷では「メイド・イン・チャイナ」の排除を意味する「チャイナ・フリー」という言葉がメディアを賑わせた。

だが日本と同じく**アメリカでも、「チャイナ・フリー」が非現実的であることを、やが**

て人々が思い知るのだ（ただし、ペットフードに関しては、その後もあまりにも多くの事故が相次いで起きたため、ある程度消えていったが）。たとえば、あるテレビ番組において行われた、家庭にあるすべての「メイド・イン・チャイナ」を外に放り出したところ、家のなかにはほとんど何も残らなかったという実験が象徴的だ。

子どものスニーカーから歯ブラシ1本に至るまで、すべてを中国製以外でそろえたら、家計への負担は一体どれほど膨らむことだろう。

とくに、バブル経済が崩壊後、「失われた20年」と称される長きにわたる停滞期へと突入していった日本では、――一点豪華主義的ともいうべき高級品が売れる傾向も残ってはいるものの――「少しでも安いモノ」が好まれるトレンドが市場を支配していった。そんななか、安全と値段をてんびんにかけて、高いものを買い続けられる者がどれほどいただろう。**いく度となく問題が持ち上がっても、結局中国産が排除されなかった理由は、ひとえに消費者の選択にあった**のである。

なぜユニクロやZARAは銀座に進出できたのか？

日本人が意識するしないにかかわらず、サラリーマンの収入が年を追うごとに減少していく社会で、〝すま間〟を埋めるように人々の生活に入り込み、定着していったのが「メイド・イン・チャイナ」であったことは理解できよう。それにしても日本人の収入は、この間、一体どれほど減ってしまったのだろうか。

国税庁が発表している「民間給与実態」によれば、２０１７年の日本の平均給与は、年間約４３２万円だった。１９９７年の平均給与が４６７万円であったことを考えれば、**20年間でおよそ35万円も年収が落ちた**計算となる。しかも、17年の数字はリーマンショック後の落ち込みから、ようやく回復した後の数字である。97年から09年までのトレンドだけで見れば、真っ逆さまに落ちていく印象だ。

収入減に悩むサラリーマン家庭は、「メイド・イン・チャイナ」がもたらす「安さ」を、まるで鎮痛剤のように受け入れていった。そのことが可視的な変化となって現れたのが、ユニクロやＧＵ、ＺＡＲＡ、Ｈ＆Ｍ、ＧＡＰなどファストファッションと呼ばれるブランドが銀座の目抜き通りに大店舗を構えるようになっていったことだろう。

あるいは、単価の安い居酒屋の躍進、スーパーで売られている異様な安さの冷凍食品、100円均一ショップの品ぞろえの驚き――「こんなものまで100円で買えてしまうのか」という驚き――の充実ぶりにも、「安さ」の浸透が象徴されている。

おかげで**日本のサラリーマン家庭は、自らの購買力の衰えを統計データ上の数字ほどには実感せずに済んだ**のである。

それとともに、多くの日本人が感じているように、この中国依存は一過性の現象にはとどまらなかった。

2019年3月19日付『日本経済新聞』は、日本の賃金がまだまだ下げ止まらない可能性があることを指摘している。タイトルは、〈賃金水準、世界に劣後 脱せるか「貧者のサイクル」〉。記事では、日本が「貧者のサイクル」から抜け出せないのは、「低賃金を温存するから生産性の低い仕事の効率化が進まない」ことや、「付加価値の高い仕事への転換も遅れ」ていることがあると分析している。

ニワトリが先かタマゴが先かという話のような気もするのだが、出口を見つけるのはそう簡単な話ではなさそうだ。

こうして見ていくと、中国製品が与える「安い！」という驚きには、世界の消費者の購買意欲を喚起する役割を含めて、まだまだ十分なニーズがありそうだ。ただその一方で、多くの人が疑問を拭えないのは、**世界がなぜ、これほどまで過度に中国シフトを進めてしまったのか**ということだろう。

言うまでもないことだが、安い労働力なら中国以外にもあるはず。事実、政治的な逆風がビジネスに影響を及ぼすこともある日本には、中国だけに頼らない「チャイナ・プラスワン」という考え方がずっとくすぶってきた。

だが、このアイデアが実現することはなかった。労働者の質、国のバックアップ、産業集積の利などに加えて、中国自身が着実に技術力を高め、先進国のニーズに応えてきたからである。

そして、その中国は今、同じ「世界の工場」でも、「世界の下請け」という不名誉な地位を脱し、少しずつ高付加価値化を進め、いよいよライバルとして台頭し始めた。

日中の関係は、こうした影響を受け、現在進行形で刻々と変わり続けているのだ。

「反日」「嫌中」の応酬の間に、ビジネスの現場で進んでいたこと

現在、中国からの輸入品は「安い」ものだけではなくなっている。

２０１７年、**日本の中国からの輸入は、額にして18兆４５９３億円となり輸入全体の24・5%を占めるまでになった。アメリカからの輸入額は8兆９０３億円で10・7%。２００１年までは全体の18・11%を占めていたことを考えれば、アメリカの存在感が着実に薄らいでいる**ことがよくわかる。

中国からの輸入品と聞けば、日本人は反射的に、繊維や安っぽいおもちゃ、傘、靴などを想像するかもしれない。しかし、現状はもはやそうではない。日本の大手家電量販店の店頭には、今や単なる下請けの「メイド・イン・チャイナ」ではない新しい中国ブランド――ハイアールやファーウェイ、レノボなど――が所狭しと陳列されるようになった。

このことからもわかるように、**中国からの輸入品の主流は機械類**なのだ。

２０１９年３月、日本貿易振興機構（ＪＥＴＲＯ）が出した「２０１８年の日中貿易」（海外調査部　中国北アジア課）によれば、**スマートフォンなど電気機器が輸入全体に占める**

割合は、なんと27・8%にも上る。逆に、日本人が最もイメージしやすいおもちゃなどは、全体の2・9%を占めるにとどまった。ユニクロの隆盛に象徴される衣類についても、割合は4・9%に過ぎない。

この結果からもわかるように、日本人が抱いてきた「メイド・イン・チャイナ」のイメージは、もはや日中貿易の現実とは一致しなくなってきている。これは**日中の国民が互いに「反日」「嫌中」と非難の応酬を繰り返す間に、ビジネスの現場はそれとは無関係に前へと進んできた**からでもある。

かつて私は、日中ビジネスの最前線で活躍するある中国人経営者を取材した際、「日中関係の悪化が企業の投資に影響しないのか」と尋ねたことがあった。それに対する答えは単純明快であった。その人物は、「政治はリスクの一つ」と断りながらも、

「しかし、われわれが気にしているのは、単純に儲かるか否かだけです。儲かるならばどんな大きなリスクがあっても行くでしょう。逆に、どれほど対日感情がよいといわれても、儲からなければ行かない。簡単なことです」

と答えたのだ。

日中の経済的な結びつきは、消費者がスーパーで何を基準に商品を選ぶか――安全のためにどれだけ高い商品を買うかなど――に始まり、彼のような経営者の判断などが積み重ねられた結果なのだろう。

2007年末、毒ギョーザ事件の発生によって中国食品の危険性が大きな話題となっても、消費者はほんの数カ月後には、迷いながらも安い中国食材をスーパーの買い物カゴに入れていた。

また2012年、**日本が尖閣諸島の島を国有化したことで起きた反日デモの激しさに日本人が「嫌中」感情を高めても、日本の対中投資はほんのわずか減っただけですぐにV字回復していった**のである。

他企業との競争、家計のやりくり、使ってみたら悪くなかった――。動機は多々あろうが、いずれにせよ目に見えなかった「メイド・イン・チャイナ」は、ハイアール、格力《グリー》、レノボ、ファーウェイというブランドへと、日本人が知らぬ間に進化していったのである。

輸出品の栄枯盛衰から見える中国経済の体質変化

対中輸出の実情をもう一度見てみよう。

日本にとっての最大の輸出先として中国が台頭したのは、前述したとおり2009年（年ベース）である。

最大輸出先として米中が入れ替わっていく過程で、日中貿易の中身にも質的な変化が起きていた。そのことは財務省貿易統計の「対中国主要輸出品の推移（年ベース）」を見るとよくわかる。

1995年当時、日本の対中輸出の主力であったのは鉄鋼である。中国の鉄鋼生産の能力はまだまだ発展途上で、国内の需要を賄いきれなかったためだ。

だが、日本からの支援もあり中国の鉄鋼生産能力は短期的に向上していった。また、これに加えて、当時、日中貿易で多くのウエイトを占めるようになっていったのが労働集約型産業で、そのほとんどは原材料を日本から持ち込み、加工して輸出する来料加工のスタイルであった。たとえば、布を輸入してシャツにして輸出するというやり方だ。

これが主流になると、対中輸出のトップに躍り出たのが繊維用糸・繊維製品であった。鉄鋼に代わって96年から2000年まで第1位をキープした。

2001年からは、さらなる変化が統計に表れてくる。繊維に代わり半導体等電子部品が大きく伸びてきたのだ。といっても半導体等電子部品は、99年の時点ですでに鉄鋼を抑えて2位につける勢いであった。その流れを見ていけば、中国の産業が、労働集約型産業への強い依存体質から着実に脱却していった過程がよくわかる。

半導体等電子部品は、この後も2017年までトップを維持し、現代に至る日本の対中輸出の太い柱となっている。

一方、首位から転落した鉄鋼と繊維は、当然のことながら年を追うごとにランクを落としていった。この変化は、中国国内で起きた産業の主役の入れ替わりと軌を一にするものであったが、繊維とは異なり鉄鋼は、簡単に主役の座を譲り渡したわけではなかった。

2002年から09年までの間は、上から2番目の位置をキープしていたのだ。

しかし、その座も徐々に台頭した科学光学機器、プラスチック、自動車の部品、有機化合物といった製品に押されて、下位へと追いやられていくのである。

統計から輸出品の変化を追っていくと、**「世界の工場」と形容されてきた中国が、世界**

の一大生産基地としての地位を保ちながらも、その一方で「安価で良質な労働力」に頼り切った体質を少しずつ脱ぎ捨て、先端技術・高付加価値化へとテイクオフしていったことが見てとれる。

実際、中国海関総署の資料によれば、05年時点で輸出の55％を占めていた加工貿易のシェアは、２０１８年の段階で32％まで落ちている。

これは見方によっては、中国共産党がその政策に掲げたとおりの質的転換を果たしたことにもなる。そして、中国の国を挙げたこうした取り組みは、その後の「メイド・イン・チャイナ２０２５」（中国製造２０２５）にもつながっていく。

のちに詳しく触れるが、**アメリカが真剣に神経を尖らせているものこそ、こうした中国の〝着実さ〟**なのである。

香港の料理店からアワビやナマコが消えた理由

思い出してほしいのは、日本の主要企業がそろって業績の見通しを下方修正した場面だ。

理由は、「米中貿易摩擦の激化」だった。それは逆から見れば、中国がアメリカ向け輸出を伸ばせば伸ばすほど、日本にも恩恵が及ぶ構造になっていたということだ。

これは、対中ビジネスにかかわっていれば既知の事実だ。大企業の経営者であればなおさら、かなり以前から向き合ってきた「現実」だ。

ただ、その認識を一般の日本人が広く共有できていたかといえば、おそらくそうではない。そうであれば、日本の書店の「中国コーナー」が、いわゆる「中国崩壊本」で埋め尽くされるといった能天気な現象が起きるはずはない。

中国経済崩壊で大ダメージを受ける日本が、「どうしたらよいのか」という対策本ならまだしも、あたかも〝崩壊〟が日本の明るい未来を示すという、まるで「福音書」のごとき立ち位置であるのだから呆れるほかない。これは、隣人が憎いあまり、軒続きにもかかわらず、その隣の家に火をつけるような話だ。

中国が日本にとって最大の貿易相手となってすでに12年。〝中国不要論〟を声高に叫ぶ者はさすがに減った――存在したこと自体が異常なことだ――が、**真実の日中関係は「ゼロサム」どころか、非常にしっかりした「利害供有者」となっていた**のだ。

これは、日本だけのことではない。多国籍企業が労働者の賃金や貿易協定、優遇政策、税金などを考慮し、生産基地の移転や部品調達を進めていった結果として築かれた関係なのだ。

かつて、日本を代表する自動車メーカーのトップが、

「今、自分の会社がどこでどんな事業をやっているのか、全部を把握できているわけではない」

と語り、大きな話題となったことがあった。立場の違う人が聞けば、トップの無責任と思うかもしれないが、どこで何を生産し、どこからどんな部品を調達しているか、車ほどの規模になれば全体を把握しきれないほど複雑化していても不思議ではない。

それが、現代のグローバル・チェーンの実態だ。多国籍企業が進める国際的水平分業の展開は、それほど複雑かつ急速に広がったのである。

２０１１年3月11日、東日本大震災が起き、多くの工場が被災するなか、いくつかの工場が操業できなくなると、その影響は瞬く間に世界へと波及した。米ゼネラル・モーターズ（GM）はルイジアナ州の完成車工場を止めざるを得なくなり、航空機にエンジンを提供する英ロールス・ロイスや、米ゼネラル・エレクトリック（GE）社、米プラット・アンド・ホイットニー社にも影響が及んだのは、その一端を示している。

第2次産業以外にも、世界がつながっていると実感させられたエピソードとして、**東日**

本大震災によって香港の中華料理店からアワビやナマコといった高級食材を使ったメニューが一時的に消えてしまった話が思い出される。

実は、高級中華で使われる立派なフカヒレやナマコ、アワビのほとんどは、日本からの輸入品だ。それを伝えた香港メディアが、日本のことを「食品輸出大国」と書いていたことには驚かされた。

トランプ大統領がメキシコの対米貿易黒字を問題視し、北米自由貿易協定（NAFTA）見直しに動いたのに対し、日本の自動車メーカーが大騒ぎとなったのも同じことだ。

前述のように、世界的自動車メーカーのトップですら、自社のグローバル展開の全貌を把握しきれていないのだから、国という単位で見たとき、どの国とどのような利害が絡まっているのか、国民が簡単に理解できないのは仕方のないことかもしれない。

だからこそ現代においては、より慎重に他国との利害を見極めなければ、自らが振り上げた拳で自身を傷つけることになりかねない。米中貿易戦争で日本の大企業が冷や汗を流すのも、当然のことなのだ。

第3章

技術の内製化
～「中国製造2025」の先にあるもの～

戦争の主役はアメリカ産自動車と中国産iPhone

付加価値貿易統計というデータがある。それをベースに、さらにグローバルバルチェーンの実態について考えてみよう。

有名なのはＯＥＣＤ（経済協力開発機構）とＷＴＯが共同で取り組む「付加価値貿易イニシアティブ（ＴｉＶＡ）」だ。各国・地域が、どの程度グローバル・プロダクション・チェーンに組み込まれているかを知るための国際貿易データである。

ＴｉＶＡは付加価値を基準に統計を作成するため、各国の利害の実態が従来の貿易統計より正確に反映されているといわれている。

ＯＥＣＤとＷＴＯが共同で最初にＴｉＶＡを発表した２００９年は、日本の最大輸出相手国が初めてアメリカではなく中国となった年だ。

だがＯＥＣＤはレポートで、

――日本の輸出先国は、輸出総額ベースの計算では中国がトップ（24％）でアメリカは第2位（22%）だが、付加価値ではトップがアメリカ（19%）、中国は第2位（15%）と順位が逆転する。輸出総額ベースから付加価値ベースへの差額は、２００９年で対米で１３４億２１３０億米ドル増加、対中で１２４億６２９０米ドル減少となる――と喝破。依然としてアメリカが日本の最大の輸出相手であると分析した。

しかも日本の本来の対米貿易黒字は、「総額で見た場合より60%増加する」ともはじき出しているのだ。

ときが流れて２０１７年、「世界の工場」役を引き受けた中国の対米輸出は、アジア太平洋地域全体の51・４%を占めたことは第2章で述べた。このため、トランプ政権は中国を最大の攻撃目標とし報復関税を発動しているが、ＴｉＶＡでみればその輸出額の多くは日本をはじめ、韓国や台湾が中国を経由して積み上げた数字である。

ここで具体的に、米中間を行き来する製品を見てみよう。

中国からアメリカに輸出される主力製品は、携帯電話、コンピュータ、そして通信機器である。逆にアメリカからの対中輸出の主力は自動車、農産品、航空機、半導体である。

なかでも**自動車は、10年前からおよそ10倍に膨らんだ輸出の主力で、中国〝爆需〟に恵ま**

れた輸出品だ。

米中の貿易摩擦を話し合う場では、2017年の習近平訪米時から同年秋のトランプ大統領の訪中まで、必ずといっていいほど自動車の輸入に関し中国が設けている規制――当初、自動車のニューエネルギーとなるエタノールの輸入拡大などが要求されていた――が問題視されてきたが、その理由がこの数字からもよくわかる。

自動車以外で注目すべきは、半導体の対中輸出だ。これはアメリカが自らの高い技術力を背景に基幹部品を中国に提供し、再び輸入するビジネスモデルを築いているからで、大枠は日韓台と同じスタイルといえよう。

そのなかでも、最近の典型的なケースとして挙げられるのが、アップル社の製造する「iPhone」だ。ご存じのとおり、これを組み立てているのが中国の工場だ。

米中貿易摩擦が燃え上がり、関税の応酬が避けられないとなった段階で、真っ先に「値上がり」が懸念された商品の一つだ。トランプ政権の放った関税攻撃が、巡りめぐって最終的にはアメリカの消費者の財布を直撃すると指摘されたことは記憶に新しい。

まさにグローバル・サプライチェーンのブーメランだ。

出禁にするなら、レストランを丸ごと買ってしまえ

経済産業省の『通商白書２０１８年版』（第２章第１節）には、そのことがよくわかる記述が見つかるので以下に紹介したい。

――アップルは、世界中で２００のサプライヤと契約しており、９００の生産拠点を擁する（２０１７年時点）。アップルのｉＰｈｏｎｅは世界中から輸入された中間財を用いて、主に中国にある台湾企業で組み立てられている。多くのアナリストたちが中国は外国で生産された部品または外国企業の所有である部品を組み立てているに過ぎず、中国がｉＰｈｏｎｅ生産で付加価値の創出に貢献している部分は非常に少なく、ｉＰｈｏｎｅの売り上げによる利益のほとんどを手にしているのはアップル社であると分析。ＡＤＢＩ（注：アジア開発銀行研究所）の研究によれば、２００９年時点で中国から米国に輸出されたｉＰｈｏｎｅの総額は20億ドル以上になるがその付加価値の96・４％は米国を含む中国以外の国からもたらされたものだと分析している――

中国が、対米貿易黒字の額で見るほど「オイシイ思い」をしていないという議論は、中国でこそ盛んだ。

米中貿易摩擦の激化が話題に上り始めた直後の2018年、『人民日報』(日本語版)が報じた〈中米貿易赤字はどこから? 利益の黒字は米国に〉には、こんな恨み節のような記述が見つかる。

——(中国国務院)商務部が発表した「中米経済貿易関係に関する研究報告」によると、グローバルバリューチェーンの中で、貿易の黒字は中国に生じているが、利益の黒字は米国にあり、全体として中米双方は相互利益・ウィンウィンの関係にある。中国側の統計では、2017年の中国の貨物貿易の黒字のうち57%は外資系企業によるもので、59%は加工貿易によっていた。中国は加工貿易の中からわずかな加工賃を受け取るだけだが、米国は設計、部品の提供、営業販売などの各段階で巨額の利益を得ているという——

中国政府がここ数年、半導体などの基幹部品の自給比率を上げることに力を注いできたのは、この不名誉なポジションから抜け出すためであった。典型的なのが、2014年に発表された「国家IC産業発展推進ガイドライン」（以下、ガイドライン）である。ガイドラインには「2020年までに半導体の自給率を向上させる」という目標が明記されている。アメリカが問題視する「メイド・イン・チャイナ2025」（中国製造2025）にも通じる発想で、**「わずかな加工賃」しかもらえない中国が、少しでもうま味の大きい上流を目指して突き進もうとする涙ぐましい姿が垣間見える**だろう。

この目標の達成の手段として中国企業が力を入れたのが、技術力のあるアメリカ企業に対する猛烈な買収攻勢であった。

すでに「世界の下請け」として圧倒的な地位を築いた中国は、**マナーや品格、ファッションセンスのせいで、いまだ高級レストランへの出入りは禁じられていたが、その高級レストランを丸ごと買ってしまえる力は、すでに備えていた**のである。

中国のこうした野心は、当然のこと従来の〝金持ちクラブ〟との摩擦を起こした。

トランプ政権に限らず、日本やドイツなど先進国の企業に、中国警戒論が急速に広がっていった理由の一つ――安全保障という観点を除いた、純粋に経済的な要因という意味だが――は、間違いなくここにあったといえるだろう。

もう少し詳しく見ていこう。

中国の「世界の工場」としての拡大は、主に2000年以降、多国籍企業の工場で生産された製品を輸出することでもたらされた。**05年の段階で輸出に占める外資企業の割合は中国海関総署の資料によれば6割に達し、その後、私営企業の割合が若干拡大していったというものの、2017年時点で外資企業の割合はまだ4割を占めていた。**

中国が戦略的に自国の欠点を解消しようとするならば、外国に頼るしかない先端技術分野の部品を、自力で生産できるような国になるしかない。これは当然の発想であり、事実、中国はその道を突き進み始める。

世界の「工場」といっても、しょせん単なる下請けであり、最終段階での「組み立て工場」にすぎなかった。それを、部品の段階から内製化しようということだ。

統計からも中国が遂げた変貌は明らかだ。

2019年3月に内閣府が発表した『世界経済の潮流』の「中国輸出の高度化と米中貿易摩擦 2018年 Ⅱ」(以下、『潮流』)の記述にある、中国の輸入構造の流れを品目別に見てみると「輸出においてシェアを高めている電気機器や一般機器は、輸入におけるシェアを低下させて」いて、また、「生産段階別にみると、輸出でシェアを高めている中間財、資本財は、輸入ではシェアを低下させ、代わりに消費財のシェアが高まっている」という変化が確認できる。

つまり、**中国では確実に「中間財や資本財の内製化が進展している」**のだ。

付加価値統計を用いて他国への依存度を説明した記述からも、同じ変化は確認できる。以下に出てくるVAX比率（付加価値輸出の総輸出に対する比率）は、低ければ中間財への依存が高いことを意味する。

該当部分を記そう。

――中国の主要な輸出品目のうち、コンピュータと衣服のVAX比率を確認すると、中国から輸出される衣服のVAX比率は2000年以降、85％前後で安定している。一方でコンピュータのVAX比率は、衣服よりも水準は低いものの、2000年の53％から15年には67％まで上昇しており、特に10年以降の上昇幅が大きい。中国全体のVAX比率は12年以降顕著に上昇しているが、その背景には、中国が産業の高度化を進める中で、コンピュータ等の高付加価値品の生産で使用する中間財について、徐々に輸入品から自国生産のものへと切り替えつつあることがあると考えられる――

明確な変化のポイントとして『潮流』が挙げているのが、2008年の世界金融危機と2012年である。

――中国では、世界金融危機までは、他の先進国を上回るスピードでVAX比率が低下傾向にあったが、世界全体のVAX比率と同様に、12年を境に顕著に上昇している。輸出に占める自国付加価値の比率の高まりは、輸出産業の生産活動において海外からの中間財輸入への依存度が低下している可能性を示唆している――

中国に起きたこうした変化は、では、自然発生的に起きたものなのだろうか。

答えは明らかに「ノー」だ。

裏側には経済政策による誘導があった。『潮流』は、次のように指摘している。

――第12次5か年計画（2011~15年）においては、「輸出の質的向上を図るとともに、輸入について、マクロ経済の均衡と構造調整に対する重要な役割を発揮させ、貿易収支構造を最適化する」としている――

中国は長期的な視点に立って政策を継続している。それは習近平時代になっても変わらず、むしろ加速されていると考えるべきだろう。

今すぐ必要な「アメリカ、中国、親日国」思考からの脱却

中国が「世界の下請け」の地位に甘んずることなく、徐々に川上へと遡上《そじょう》し、内製化の範囲を広げてきたことは、日本の産業界にとって自らの利益が蝕まれる由々しき悩みとなっている。

だが、これは日本人の中国観のように、「いい、悪い」「好き、嫌い」という二つに分けられるような単純な問題ではない。なぜなら、日中間には純粋なパートナー関係もなければ、雌雄を決しなければならない熾烈なライバル関係もないからだ。

だからこそ対応が難しい、というよりも、何ごとも単純化して白黒はっきりつけたがる

日本人にとって、そういった対応こそ苦手な作業なのだろう。

中国経済がダメージを受ければ、日本経済も無事では済まない。そのことは、これまで見てきたとおりだ。そんな深い相互依存の関係にありながら、一方では中国の発展を手放しで喜べない。そうした関係をどうマネージしていくのか。

本来であれば、ウィンウィンの部分を傷つけないように中国の遡上を遅らせる緻密な戦略が必要なのだろう。そのうえで、中国がアジア地域において圧倒的な輸入大国となっていく未来にも備えつつ、他方、「中国発」で世界に輸出されるさまざまな〝リスク〟への備えも必要だろう。

だが、**残念ながら日本国内にあるのは、常に中国を受け入れるか否かの二択の論争であって、これは「戦略」以前の幼稚な議論**だ。

国際社会の動きと日本人の考え方にはかねてから大きなズレがあった――意外なことに国際政治の現状との間にズレが生じていないと思っている日本人は非常に多い――のだが、そのズレが現在に至るまで、まったく修正されていないことと関係が深い。

国際社会で勝ち抜く戦略とは、まず、どんな状況になっても日本が最小限のリスクで生き残ることのできる状況なり、環境なりを整えることだ。

それは、アメリカの「忠実な子分」になって、中国のやることをすべて否定することでもなければ、「新しい親分」として中国を認めることでもない。何が「正義」で、何が「不正義」かにこだわって行動することでもない。自分たちの国に自信を持つことと、他国を非難することを混同することでもなければ、物質的、文明的、また制度的に遅れている国を見下すことでもない。

ましてや超大国アメリカが、自分たちに代わってその強大なパワーを発揮して、日本のためにトラブルシューティングしてくれると考えるのは、まさに子どものような発想と言わざるを得ないだろう。

どんな状況にあっても**日本という国が生き残るために必要なこととは、未来に対する想像力**であろう。朝鮮半島の危機に際して韓国、中国と厳しく対立しているリスクはどうか。南海トラフ地震の発生で壊滅的な打撃を受けた日本を助けてくれるのは、日本人が大好きな――これは実は幻でしかないのだが――〝親日国〟だけなのかどうか……。

一体トランプ政権は誰のために戦っているのか？

現状、日本では中国を警戒する声のほうが圧倒的に大きい。

放っておけば、中国がさらに日本の利益に大きく食い込んでくることが見えているのだから、それも当然かもしれない。しかも中国は、川を遡上するため、外資に技術移転を強要してきたのだ。心証はきわめてよくない。

日本企業を悩ませてきた技術移転の強要問題は、米中貿易交渉の過程でもトランプ政権側が厳しく中国に対処を求めてきた。それだけに、日本がアメリカの動きにシンパシーを覚えるのは無理のないところだ。

しかし、ここはぐっと辛抱が必要だろう。というのも、アメリカが米中の貿易交渉において、自分たち日本人のフラストレーションを解消してくれるような結果をもたらすヒーローになることなど、まず望めないからだ。念のため付言しておくが、**トランプ政権はアメリカとアメリカ国民のため――ひょっとすると自らの政権のためだけ――に中国と交渉を行っているのであって、決して正義のためではない。**

しかも、中国の製造業で進展する内製化という動きに対して、日本とアメリカは手を結ぶことのできる利害共有者となっているが、対米輸出という視点で見れば、日本と中国は逆に共同戦線を結ばざるを得ない立場なのだ。最悪の結果を想定すれば、**アメリカは自国の利益を確保する一方、日本は中国を経由した対米輸出の点で大きく傷つく、といった結末にならないとも限らない**。

この点を整理しながら見ていかないと、解決戦略は支離滅裂となり、自らが放った矢で、自らを射抜いてしまう。そんな愚かな事態に陥りかねない。

では、順次「利害関係」を整理しながら話を進めていく。まずは、日本とアメリカが共同して中国と対峙できる問題について話を進めていくことにしよう。

2019年4月、ワシントンで二度目の米中閣僚級貿易協議が開始された。その直後のことだ。トランプ政権のクドロー米国家経済会議（NEC）委員長が、

「中国が最近、過去の知的財産権侵害や米企業に対する技術移転の強要、ハッキング行為を初めて認めたと記者団に明らかにした」

と発言して話題となった。国内でも時事通信（4月4日付）をはじめ、多くのメディアがこれを報じた。クドロー委員長は、これまでも対中国目的で有志国同盟の結成を呼びか

けるなど、厳しい発言の目立った人物だが、中国がこの発言に激しく反論することはなかった。

ただ、この問題では**中国はむしろ積極的に全人代で外商投資法を整備して、外資の知的財産保護の点からアメリカの要請に応えようとしている**。

ハッキング行為はさておき、**技術移転の強要は、中国がそれによって得られるメリットよりも、外国からの投資を呼び込めなくなるデメリットのほうがはるかに大きい**との認識――企業の現場レベルと、党中央での認識の差が生じているかもしれないが――もある。それは、外交関係の〝もつれ〟など政治的なリスクに加え、中国がすでにとどまることを知らない人件費の高騰などにより、黙っていても外国企業が工場を開設したがる国ではなくなっているどころか、自らもベトナムやラオス、カンボジア、ミャンマーといった外国に工場を移転せざるを得ない立場になってきているからだ。

4月11日には、「中国が、知的財産権の侵害対策といった合意内容を本当に実行しているのか、検証する仕組みを設けることでまとまった」との報道（『読売新聞』）も見られたほどで、中国が積極的に知財保護に取り組もうとしていることが伝わってくる。

すでに90年代に予言されていた家電王国日本の没落

さあ、これで一安心だ、となるだろうか。

私の考えは、違う。

中国がズルく立ち回ってトランプ政権との約束を果たさないだろうとか、地方や企業が中央に従わない問題が出てくるとか、合意を骨抜きにするような抜け道を中国が見つけ出す、といった話ではない。

単純に考えても、中国の目覚ましい技術革新は、ほぼあらゆる産業において起きてきたことであって、特定の限られた産業だけに見られる現象ではない。そうであれば、**仮に技術移転の強要や範囲を広げて「ハッキング」という蛇口を完全に閉じ切ったとしても、中国企業の技術の進歩が、その瞬間でピタリと止まるということもない。**

中国にはボールペンの先がつくれない――。そんな逸話が進出企業や経済評論家の間で流行したように、中国の製造業には、常に限界を示すエピソードがつきまとってきた。

しかし、現場の技術の底上げが凄まじいスピードで進み、あらゆる産業で日本の水準に迫ったとの認識は、ほかならぬ日本企業自身がここ数年とくに強く感じてきたことではないだろうか。なかでも、**日本企業を定年退職して中国企業に次の活躍の場を求めたビジネスマンたちは、その一番の目撃者**となってきた。

鉄に始まり自動車、電機、製紙、発電、鉄道、土木、建築、石油化学、通信……。そうした人材は、中国のありとあらゆる業界に及んでいる。

もちろん、歴史をさかのぼってみればわかるように、先進企業から発展途上国の企業へと技術が流出することは、決して珍しい話ではない。

日本が中国に進出する過程では、大企業が進出する段階で、下請け企業の第一の振り落としが起きた。親会社について進出する下請けと、諦める下請けに分かれたのだ。

進出を断念した企業が供給していた部品は、当然のこと現地で調達される。大企業側も、当初は現地で調達する部品の品質に不満足ながらも我慢して使い、技術的な支援も行う。親会社としては自社製品の品質にかかる問題だけに、現地企業の技術向上を全力でサポートすることになる。これが、技術移転の初期のパターンだ。

そして第二の段階は、大企業と一緒に出ていった中小の下請けが、現地で合弁事業を展開し、その過程で相手側が技術を少しずつ吸収していくのだ。

結局、**海外に進出すれば技術の流出は時間との戦い**だ。究極の話をすれば、日本の企業にしかつくれない製品などほとんどないのだから当然だろう。

これは90年代の話になるが、私が中国に進出した三洋電機の現地責任者と取材後に雑談していたときのこと。日本の技術の話題で、相手は会話がかみ合っていないと感じたのだろうか、話を中断してこう述べたことがあった。

「富坂さん、日本の電機メーカーの技術について何か誤解しているようなので説明しておきますが、われわれの技術は、主にマスプロ、つまり大量生産の技術なんです。強みは大量生産の過程での不良品率の低さなんですよ」

と説明されて驚いたことがあった。日本の家電がその品質の高さで、世界で圧倒的な地位にあった時代だけに、驚きもひとしおだった。

このとき、その責任者は**「テレビや冷蔵庫なんて、つくるだけだったら、決して難しいものではありません。早晩、彼らも同じものをつくれるようになりますよ」**と予言したのだが、**彼の話が決してオーバーではなかったことは現状が証明**している。

つれないトヨタの代わりとなったドイツ車が得たもの

何が言いたいかといえば、**中国で今起きていることは、世界的にも、過去の事例からも決して特別なことではない**ということだ。

過去との違いを強いて言えば、キャッチアップのスピードが速すぎるという点である。それにはハッキング——といってもインターネットが普及するよりも前から、中国の企業は着実に技術力を高めてきていたのだが——や技術移転の強要が寄与したことは否定できない。

だが、それでも中国の凄まじいコストカット力を利用できるメリットとは裏腹に、日本企業が技術を隠匿しようとすればするほど、向き合わざるを得ない厳しい逆風が吹いていたことも、また見過ごせない事実なのだ。具体的に説明しよう。

たとえば、中国が「世界の工場」から、着実に「世界の市場」へと変化していったことである。〝幻〟と言われ続けた10億の巨大市場は、２０００年を過ぎたあたりから突然火がついたように目覚め始めた。世界の一大生産基地でありながら、同時に世界経済を支える重要なマーケットへと——２００８年の世界金融危機後、４兆元（66兆円）の巨額投資を行って以降はとくに——中国が姿を変えたことで、かの地に進出した企業は、輸出だけでなくその市場で製品を売る魅力に抗えなくなっていくのである。

一方、中国は、自国民の購買力を背景に、外国からの進出企業に対し、技術移転を強く求めるようになった。ただし、これはメディアなどでよく指摘される「強要」とは限らない。むしろ、そうでないケースのほうが多かっただろう。

グローバルに展開する多国籍企業であれば、当然、世界規模での競争が強いられる。そんな熾烈な環境のなか、中国市場を失うリスクを個々の企業がどうして冒すことができようか。**日本が技術移転つきの協力を拒むというのなら、中国は、「では、ドイツに頼みます」「アメリカに頼みます」といった反応をするだけ**だったということだ。

古くは自動車産業がその典型であったが、新しいところでは環境対策関連設備などが、そのターゲットになってきた。

自動車産業については、日本がまだ圧倒的に技術も市場もリードしていた時期、中国はトヨタ自動車に対して熱烈なラブコールを送ったものの、冷たくあしらわれてしまった。中国側が高級車の製造を求めるなど要求も高く、なかなか折り合わなかった点もあったとはいえ、世界のトヨタの反応はつれなかったのだ。

そこで彼らは**ドイツに目を向けて、フォルクスワーゲンとの事業を進めた。その後の中国の爆発的なモータライゼーションは説明するまでもないが、それによってドイツ車は中国市場において長年、大きなアドバンテージを得ることになった**のだ。

逆にトヨタは、のちに慌てて中国市場進出を目論むものの、虎の子のエンジンの生産を現地化することを条件に挙げられるなど、その反応に苦労することとなった。

トヨタが素直に中国側のラブコールに応じていれば、「クラウン」が生産されていたかもしれないことを考えれば、フォルクスワーゲンとの協力で生産された「サンタナ」は、中国にとってセカンドベストの結果だったかもしれない。しかし、それでも自動車産業の育成には大きく貢献したのだ。

環境対策は、いまだ日本の神通力が通じる産業で、医療や介護関連産業と並んで中国でのニーズが高いが、これとて何も代わりがないかといえば、当然そんなことはない。日本に及ばずとも同じように環境問題の解決に力を入れている国、企業など、世界にはいくらでもあるのだから。

10年前に大きく変わった中国人の社会観

技術が、先進企業から後進企業へと落ちていく大きな流れは、中国の事情を見る限り、進出した企業同士が中国国内で繰り広げた競争によって、形成されたとも考えられる。合弁事業を進めるなかで、相手を選ぶ強い立場を得た中国の企業が、よりよい条件を提示した企業と組むことも自然な流れだった。

多国籍企業にとって中国という〝コストカット装置〟は、世界の市場で自社製品の競争力を維持するために欠かすことのできない存在だったのである。これが第一点だ。

中国は、発展途上国であるがゆえの〝強み〟を最大限活かしたわけだが、その追い風を少しでも長引かせるため、労働者の賃金を極力「低いまま抑えておく」という政策を推進した。安価で良質な労働力の魅力につられて、「世界の工場」という以上に世界からさまざまな生産基地が中国に呼び込まれたことが、結果、中国を世界有数の〝産業の集積地〟へと高めていったのだ。

やがて、一国だけでほぼあらゆる部品が整う環境も手に入れ、組み立て工場としての中国の存在感はさらに高まった。と同時に各地方政府が、膨らみ続けた税収を惜しみなく再投資し、流通環境を整えるなど外資の呼び込みのために使ったので、「世界の工場」という価値は、ますます強化されるという好循環が醸成されていったのである。

こうして中国は、多国籍企業に「選ばれる」だけの時代から、パートナーを「選ぶ」時代へと歩を進め、2008年の北京オリンピックまでの「黄金期」を謳歌するのである。

だが一方で、労働者の賃金を上げないという中国の政策は、社会に暗い影を落とし始める。労働分配率の異常な低さは、やがて労働者の不満となって労使関係をギクシャクさせ始め、個人消費のGDP成長率への貢献が、わずかに30%台にとどまるといういびつな経済発展にも、いよいよ限界がささやかれようになってくるのだ。

さらに、近い将来予測される生産年齢人口の減少という局面にも備え、政策の大幅な変更が迫られた。

そこで**2007年、中国は労働契約法を施行し、労働者の賃金を上昇させる方向に大きく舵を切った**のだ。

この政策転換が社会の価値観を大きく変え、労働争議が頻発するようになるのは2010年ごろである。賃上げを求めた労働者と経営者が衝突して、自殺騒ぎがニュースで取り上げられたのもこのころだ。そして、労使激突の激戦地となった広東省から急速な賃上げが始まり、全国へと広がっていったのである。

このとき中国の一部からは、いよいよ中国が「世界の工場」としての魅力を失ったとして、危機を指摘する声も挙がった。

だが、結果的にこの中国の選択は、国内に大きな中間層をつくり上げることとなり、経済発展の新たなけん引力として、消費が爆発するのである。**２０１４年ごろから日本でも顕著となった中国人観光客の〝爆買い〟は、まさにこの政策転換によって生み出された中間層が大きく貢献した現象**なのである。

観光客がそうであれば、国内で生活する人々の購買力も高まっていたことなど言うまでもない。こうして中国は、「世界の工場」から「世界の市場」へと、新たな価値を身につけていったのである。

互いのニーズがマッチした日本人技術者と中国企業

夢の〝コストカット装置〟から、世界有数の〝市場〟となった中国には、ビジネスパートナーを選べるアドバンテージが、さらに高まったことは言うまでもない。市場が独占できるほど特化された唯一無二の技術でなければ、中国側から一方的に選ばれる、つまり「買い手市場」となるのは、避けられなかった。

それまで定着していた**「技術の高い基幹部品は国内でつくって……」という西側先進国企業にとっての優位性は、段々と崩れていってしまう。もちろん日本も例外ではなかった。**

だが、技術移転の大きな流れが生まれたのは、中国にてんびんにかけられた多国籍企業間の競争だけで説明できるわけではない。もう一つ、忘れてはならない要素がある。先に少しだけ触れた先進企業からの人材流出である。

日本のケースを見ていったとき、メーカーから吐き出されてくる人材が次々と中国に渡り、現地企業の技術向上に貢献するようになったのは、2000年を過ぎたあたりからだ。ちょうど、「中国で本当に儲かる時代」が来ることを、日本の企業が確信し始めたころと重なる。

この問題は、日本の産業を支えていた名だたるメーカーの大量の技術者たちが、定年によって行き場を失ってしまったことも背景として指摘できる。それは、人口減少やゆがんだ人口ピラミッドの問題に、うまく対処できなかった日本側の失策であったと言えなくもない。

今となって指摘するのは後出しジャンケンのような話だが、資金不足が予測された年金への対策という意味からも、早めに定年退職の年齢を引き上げておいたり、重要な技術を持った技術者に関しては、リタイア後の待遇を考えるような政策を打ち出しておけば、少しは中国のキャッチアップを遅らせられたかもしれない。

また、実質的には単純労働者の穴埋めとして使われ評判も悪かった外国人技能実習制度の導入や、２０１９年4月１日から施行された、外国人労働者の受け入れ拡大を目指す改正出入国管理法など、小手先の弥縫《びほう》策ばかりを繰り返すのではなく、早いうちに思い切って外国人労働者の受け入れに舵を切っておけば、生産基地を海外に移転することなく日本に置いたまま、リタイアした技術者と外国人労働者を国内で活用することもできたかもしれない。

こうしたアイデアが、本当に高い価値を生むかどうかは誰にもわからない。だが、少なくともこの問題に関して、日本政府が早くから根本的な対策を打てていたのかどうかを問うてみれば、答えは明らかだろう。

人口ピラミッドの問題とも絡み合い、日本の企業の現場では、長年、「上が詰まっていて、下にポストがない」状態が続いていた。

各企業は、生産年齢人口の減少や、高給取りのベテランを抱え続けるコストのデメリットなどを考慮して、年齢を一つの基準として技術者を新陳代謝させるという選択をせざるを得なかった。こうして本人の意思とは無関係に、第一線を退かされることとなった技術者があふれ出す。そのなかには、たとえ日本の企業から「不要」の烙印を押されても、中国なら現役で十分通用する者も少なくなかった。

また90年代であれば、たとえ中国側に日本の技術者が欲しいというニーズがあっても、彼らを迎え入れる環境など整っておらず、また、日本の企業をリタイアした中高年を満足させられる報酬も用意できなかった。

だが、世紀をまたぐころになると、「世界の下請け工場」として数多のメーカーからかき集めたマネーの堆積が、いよいよその威力を発揮し始める。かくして中国は、**札束で、日本、アメリカ、ドイツ、韓国、台湾などから技術者をヘッドハントするのはもとより、技術力を備えた企業を丸ごと呑み込んでいく時代へと突入していった**のである。

実は日本人労働者の視点から見ても、それは魅力的な変化だった。昨日まで現場にいた技術者――なかでも日本の冠たる企業のエンジニア――が、自身の知識や経験を中国の製造現場で再び発揮できることになるからだ。

つまり、「単なる下請け」から脱するため、技術の底上げを渇望する中国が資金力を得たことにより、第二の人生の活躍の場を求めながらも、リタイアを余儀なくされる技術者とのマッチングは成立しやすくなったのだ。その結果、そこで化学反応が起きるのは必然であった。こうして、技術流出の一つの流れが形成されていったのである。

「地球儀を俯瞰する」と見えてくる真実

中国メーカーの技術力が向上してきていることは、長い間、日本にとって認めたくない現実だった。「奇跡の発展」という言葉は、日本が経験した高度経済成長についてのみ使われる〝固有名詞〟でなければならなかったし、日本人が製造業に向けるエネルギーやこだわりは「モノづくり大国」という言葉が示す通り、〝特別〟でなければならなかった。誰もがそう信じて疑わなかったのだ。

だから携帯端末をめぐって、その過剰な機能やこだわりを揶揄して「ガラパゴス」という言葉が使われるようになっても、日本人はどこかでそれを肯定的に受け止め、自虐的に

「日本はガラパゴス」と言いながらも、一方では**「こうしたこだわりを理解しない世界のほうが間違っている」**といった空気を引きずってきた。

だが、残念なことに世界は広い。安倍首相の好きな言葉である「地球儀を俯瞰して」みれば、日本人的な思考に共鳴してくれるのは先進国のなかのごく一部であって、無論、少数派といえよう。

世界の大半の消費者は、安いモノにまず手を伸ばす。**日本人が「すぐ故障する」と軽蔑してきたハイアールの白物家電やファーウェイの端末も、必要最低限の機能のみを装備し、安く発展途上国に提供することでマーケットを確立し、そこで得た資金を再投資しながら技術力を高め、ブランドを定着させ、今日の地位を獲得してきた**のである。

中国の前には韓国のサムスンが、自社の猛烈な社員教育の一環として、新入社員を発展途上国に送って営業させる「スパルタ式」が話題にもなった。

こうしたことは、先行する欧米系メーカーのブランドのスキマに何とか自社製品を滑り込ませようとした、かつての日本の姿ともダブるのではないだろうか。

高い生活レベルを手に入れた国が、安くモノをつくるツールを失っていくと同時に、どんな過酷な環境でも飛び込んで営業するような〝猛烈サラリーマン〟もいなくなり、そこにできた空白を後ろから来た国の企業が埋めていったというだけのことだ。

落ち着いて考えてみれば、イギリスのミッドランドに始まり、アメリカ北部からアメリカ南部、そして日本へと、これまで安く大量にモノがつくれるという追い風は多くの国、地域を吹き抜け、そしてそうした幸運に恵まれたすべての国と地域で高速発展は起き、同時に技術の底上げも果たされてきた。韓国――「漢江《ハンガン》の奇跡」とも言われる――でも、台湾でも、日本より小規模ながらも同じような現象が起きた。ならば、中国でそれが起きないと考えることのほうが不思議だろう。

中国の統計がデタラメだから中国の経済発展は虚構で、いつか化けの皮が剝がれるといった意見は論外だとしても、ずいぶんまともな日本人まで、心のどこかで中国の製造業の発展は単なる不正の累積であって、それを米中経済戦争が正してくれると望んでいる現状を、心配せずにはいられない。

そんなことになれば、日本経済は長期低迷を避けられない。そのことは、これまで本書で見てきたとおりだが、それ以上に問題なのは、中国の技術革新も止まらない可能性がきわめて高いということだ。

日本がアメリカに期待するのは、ある種の「神風信仰」なのだろうが、**たとえアメリカ**

との戦いで中国が疲弊したとしても、ここまで発展した中国経済が自壊してしまうことなど決してなく、一時的な停滞の後にはまた膨張を続けるとの可能性から、目を背けるべきではない。

日本は、そうした中国経済をいかにして自らの〝浮揚力〟に変えられるか。真剣に考えなければならない段階に来ているのだ。

実のところ、それこそ日本が中国に接近するために、大きな一歩を踏み出した動機の一つだったのだ。

第4章

外交の転換

～習近平の〝語録〟から消えた「核心的利益」～

安倍首相が国のトップとして15年ぶりにとった行動の意味

2017年5月14日から2日間、北京では「シルクロード経済圏構想」（一帯一路）首脳会議（国際協力ハイレベルサミット）が開催された。そこに関係悪化して久しい日本から代表団が派遣されるというニュースは、少なからず内外の耳目を集めた。

日本側の団長は二階俊博自民党幹事長であった。**当初日本は、アメリカも代表団を送る計画があることを察知し、慌てて代表を組んだとも説明された――参加の意思を表明したのは日本が先であったとの説が有力だ――が、理由はどうであれ大きな一歩**であった。「一帯一路」構想は国家主席自ら提唱した経済圏構想で、言うまでもなく習政権が外に向けて発した目玉政策だ。

その第1回会議に、日本がどういう姿勢で臨むのか。それは、3期目に突入した安倍政権の対中政策を左右する、大きな要素となると考えられていた。日本は、自民党幹事長でかねてから中国と関係の深い二階氏を団長として送り込んだ。これは日本にとって、これまでの姿勢の転換を少なからず意味した決定だと思われた。

だが、実態はそれ以上の決断であった。

その経緯については『朝日新聞』（2018年10月23日付）の記事、〈首相側近が修正した親書、二階氏が習氏に 接近する日中〉が詳しいので、その一部を抜粋してみよう。

――北京の釣魚台国賓館で習近平（シーチンピン）国家主席と向き合った二階氏は、首相から預かった3枚つづりの親書を手渡し、「ここで読んでください」と迫った。

日本が一貫して慎重だった一帯一路を評価する、踏み込んだ内容だった。

親書作成を主導したのは、二階氏に同行した今井秘書官だ。後に月刊「文藝春秋」のインタビューで、今井氏は一帯一路に後ろ向きだった原案を相当修正したと認めている。

「『日中の経済外交を発展させ、友好を安定的なものにし、一帯一路についても可能であれば協力関係を築いていきたい』という文言を入れました」

今井氏は楊潔篪（ヤンチエチー）氏とも接触しこうした意向を伝えたが、中国側は「半信半疑」（中国外交筋）だった。中国の脅威もテコに安保法制の整備を進めた安倍首相への不信に加え、親書の書き換えには谷内氏ら安倍氏側近の一部が反対したとの情報もつかんでいたからだ。

半月後、安倍政権の真意を探るため、今度は習氏が楊氏を日本に送り込んだ。

楊氏は谷内氏との箱根会談のほか、安倍首相、菅義偉官房長官、岸田文雄外相、山口那津男公明党代表らと精力的に会った。楊氏の使命は、一帯一路協力への首相自身の本気度を見極めること。そして安倍政権の外交方針「自由で開かれたインド太平洋戦略」が、中国包囲網を目指すものではないという言質を取ることだった――

二階訪中団をきっかけに、日中の往来が活発になったことは記事にある通りだ。日本の谷内国家安全保障局長と中国の楊潔篪国務委員が相互訪問を行い、首脳会談実現に向けての話し合いが具体化していく。

そして、この流れを決定的にしたのが2017年9月、駐日中国大使館が主催する国慶節のイベントに、安倍首相自ら出席して中国にラブコールを送ったことだった。**現職の総理大臣がこのイベントに出席するのは、実に15年ぶりのことからもメッセージ性の高い行動といえる**だろう。

こうして見てみると、日本側がやや前のめりで関係改善に動いたようにも思える。しかし、実態は必ずしもそうではない。中国側にも、これ以前から日本との関係を正常へと引き戻そうとする動きが存在していた。

最速でキャッシュレス社会が誕生した理由

北京で開催された「シルクロード経済圏構想」（一帯一路）首脳会議に、日本から代表団が送られたことで、習近平肝いりのイベントに花が添えられたことは間違いない。だが、それは中国にとって大きな一歩かといえば決してそうではない。会議には、南シナ海で激しく対立してきたベトナムやフィリピンの首脳も参加していたからだ。

日本からの代表団は、習氏の憂いを晴らす一つの材料ではあったが、それは中国が描きたかった絵画を埋める一つのピースにすぎなかった。

中国が、その威信をかけて取り組む「一帯一路」構想は、自国の現在の経済発展の勢いを維持するために不可欠なエンジンだ。**中国が「一帯一路」に力を注ぐのは、景気の減速が不可避となり、それが構造的な問題であるとの認識が定着したことに理由がある。**

いくつかの先進国の成長パターンの例に漏れず、周知のとおり中国の高速発展にも近年、明らかな影が差していた。原因は、90年代から力強く中国経済をけん引してきた、重厚長大産業を中心としたオールドエコノミーの衰退であることは前に述べたとおりだ。鉄鋼や石炭、非鉄、石油化学、建設、ガラス、セメント、製紙などなど、国有大企業を中心にブレーキがかかったのだ。

また、その前には中国の「世界の工場」としての寿命も議論されるようになってきていた。労働者の賃金の上昇や不動産価格、物価の高騰、環境問題の深刻化など原因はさまざま指摘されたように、**中国国内の賃金上昇圧力などにより、労働集約産業がどんどん東南アジアの国に工場を移転する動きも加速していった**のだ。

こうしたなか中国は、「経済の構造転換」をスローガンに掲げ、過度な公共投資依存型の体質を改善し、第2次産業偏重から第3次産業の育成、製造業の高付加価値化、先端技術産業の育成といった方向に大きく舵を切ったのである。

第3次産業の育成と同時に、経済成長のけん引車として、これまで大きな貢献のなかった個人消費を引き上げることを目標に掲げた。来たるべき生産年齢人口の減少という現実からも、労働分配率を引き上げ、個人の可処分所得を膨らませて消費へと向かわせることが得策と考えられたからだ。これを機に、中国社会に分厚い中間層をつくり出すことも政策として掲げられた。

こうした政策転換の結果が、国民の可処分所得の増加へとつながり、われわれの目の前で展開されている〝爆買い〟現象や、ネット商取引の隆盛、日本のはるか先を行くキャッシュレス社会の浸透という変化として表れてきたのである。

だが、それだけで中国が経済の大きな減速を回避できるのかといえば、決してそうではない。そこには、どうしても中国の外から力強く発展に貢献してくれる「大きな成長エンジン」の存在が必要であったのだ。

中国経済をドライブさせる〝外のエンジン〟の本質

中国経済を「外から温めてくれるエンジン」とは、本書で何度も述べてきたとおり「一帯一路」である。だが、ここで問うべきなのは「一帯一路」が果たす本当の役割だ。

本書の冒頭からの記述で、「日本が中国で儲けてきた」事実を描いてきたが、これこそ日本にとっての外の「エンジン」として中国の果たした役割だったのだ。つまり、アメリカや日本、ヨーロッパの先進国企業が中国によって潤ったように、今度は**中国が中国経済**

のために働いてくれる外のエンジンをつくろうとしている。それが「一帯一路」の本質なのだ。

２０１９年4月には、2回目となる「シルクロード経済圏構想」（一帯一路）首脳会議が北京で開催された。それは、世界１５０以上の国と90以上の国際機関が参加する非常に大規模な会議だった。とても前記のようにエンジンとしての役割にとどまる話には収まりそうもない印象を受けるが、中国ほどの大きな国を温めようとすれば、規格外のサイズになるのは、むしろ自然なことかもしれない。

大陸をまたぎ、バラバラの背景を持った多種多様な国や地域が、一つの方向を向いてウィンウィンの関係を構築しようというアイデアは、誰もが否定しにくい構想であるのは間違いない。ただし、その反面、往々にして「我田引水」のオンパレードに陥りやすく、結局、まとまらないということになりがちでもある。

しかも、その経済圏のなかに明らかに中国と対立する国があるのであれば、それ以前の問題だ。そうした国との対立が大きな血瘤となって、流れを寸断しかねない。

こうした懸念から、**実は中国はかなり早い段階から全方位で外交関係を整えようと動いていた。そして、その一環として日本との関係改善も模索するようになっていた**のである。

とはいうものの、非妥協的イメージがきわめて強い中国が、突然「関係改善」に動いたと言われても、日本人にはなかなか想像しにくいに違いない。そこで、具体的な事例を挙げておこう。

たとえば、習近平政権が誕生した直後から頻繁に使われ始め、ある意味で中国の対外政策を代表するキーワードにもなった「核心的利益」という言葉を思い出してほしい。さて、われわれ日本人がこの言葉を聞く機会は増えているだろうか、それとも減っているだろうか。国際会議の場や首脳や代表団の往来の場で、中国側からこの言葉が発せられる場面を、ここ最近、見た記憶があるだろうか。

ずばり、その**使用頻度は極端に落ちている**のだ。このことは、国際ニュースに多少なりとも興味を持っていれば実感できるはずだ。

事実、2019年4月、安倍首相の特使として中国を訪問した二階氏に対して習近平は、「現在、中日関係は正常な軌道に戻り、積極的な発展の勢いを示している。双方は中日間の4つの基本文書の確立した諸原則を順守し、平和と友好という大きな方向性を堅持し、互恵協力を深め続け、両国関係の健全で安定した発展を推し進める必要がある。中日は『互いに脅威とならない』『互いに協力のパートナーであり、互いの平和的な発展を支持する』との政治的共通認識を具体的に実現させ、両国各分野の交流・協力を新たな水準へと推し進める必要がある。また、双方は協力の潜在力を深く掘り起こす必要がある」

と語ったが、**「核心的利益」という言葉を使うことはなかった。**

かつては国際協調には目もくれず自国の利益を優先し、被害者意識をむき出しに、南シナ海では海警局に所属する巨大な警備艇を使ってベトナムやフィリピンの小さな漁船を追い回し、絶対に譲れない権利という意味で「核心的利益」という言葉を多用し、他国をけん制し続けた中国は、一体どこへ行ったのだろうか。

東南アジアをめぐる争いがもたらした一大転換

中国の対外政策の変化について、私は『文藝春秋』（２０１７年７月号）誌上で取り上げ――タイトルは〈習近平が１８０度方針転換した〉――、対日外交にもこの影響が及ぶと予測してきたが、それは間違っていなかった。

この方向が明らかになったとき、国内では例によって「中国の微笑外交に騙されるな」

というピントのズレた指摘が聞こえてきた――こうしたパターンを繰り返している本人たちが飽きないところが不思議だ――が、**中国の変化はそもそも「信じるに値するか否か」で判断すべき問題ではない。中国にとって変化が必然だから、舵を切ったというだけの話**なのだ。

そのベースは、「一帯一路」で利益を獲得しなければならないという事情だ。

2016年、南シナ海の対立をめぐり、フィリピンがオランダ・ハーグの常設仲裁裁判所に中国を提訴した。結果、中国が領有の根拠とした「九段線」に法的根拠がないこと、また島の埋め立ては違法という、中国にとってきわめてありがたくない裁定が下され、このことで中国に強い外交的逆風が吹いたことは記憶に新しい。

だが、中国が強い危機感を抱くほど現実的なダメージとはならなかったのは、そもそもこの問題は日本人が思っているような、中国とフィリピンの領有権を争う問題ではなく、実態は**米中が海洋という空間をめぐって火花を散らす争い**だったからだ。その証拠に、中国にとって不利な裁定が出たにもかかわらず、東南アジアの国々は、ほとんどこの裁定を持ち出して中国に迫ることがなかったのである。

だが、**あわやアメリカに東南アジア諸国を巻き込んだ対立軸が引かれかねなかったとい**

う事実は、**中国に大きな危機感をもたらした**。「一帯」でも「一路」でも、その起点と考えられる東南アジア諸国との対立が定着してしまえば、構想の難航は必至だ。なにより、対米関係の決定的な悪化は避けたい。

こうした動機から中国は、他国との対立を恐れず国益を強硬に追求する姿勢を改め、安定した外交環境を真剣に望むようになっていったのである。

興味深いのは、こうした中国の外交方針の転換がその後、トランプ政権が掲げる「アメリカ・ファースト」——外交において自国ファーストなのは言うまでもないのだから、この言葉は国際協調を二の次にし、目に見える利益の追求に走るという意味——という刺激物を目の当たりにし、予想を上回る変化を遂げていったことである。

習近平国家首席は中国の立ち位置を「アメリカ・ファースト」と対比させ、自由経済の守護者のように振る舞ったのだ。2016年末にスイスで開催されたダボス会議では、「開放型の世界経済を揺るぎなく発展させる」と、まるでかつてのアメリカのお株を奪うような「自由貿易の保護」を訴える演説をやってのけたのである。

中国のこの立ち位置は、現在にもつながっている。2019年春、中国は習主席と李克強総理が相次いでヨーロッパを訪れるという外交を展開した。**ドイツ、フランス、イタリ**

ア、ＥＵなど各国・機関の首脳と会談。そこで強調されたのが、「多国間主義」であった。「アメリカ・ファースト」を一国主義と位置づけたうえでのけん制であったのだ。

同じように「運命共同体」という言葉も多用するようになり、「一帯一路」を世界のニーズとマッチングさせていったのである。

全方位での関係改善と国民の要求という「連立方程式」

このように、中国が「一帯一路」に賭ける気持ちは非常に強い。それだけに第1回「一帯一路」の首脳会議に際して、中国は安定的な環境づくりに躍起になった。中国のメディアでは、「（中国が）独断で進めるつもりはない」（5月5日中国外交部の耿爽《グンシュアン》報道官）といったコメントが繰り返し報じられたのだ。

また基調演説に立った習氏も、

「他国の内政には干渉せず、社会制度と発展モデルの輸出もしなければ、それを多国に強要することもしない。中国は地政学ゲームのような古いやり方を繰り返すようなことはせず、安定を打ち破る小さなグループを作ることもせず、平和共存の大家族を築き上げる」（中

国駐日大使館ホームページ）

と、沿線国の警戒に配慮した発言にも努めたのである。

すでに述べてきたとおり、中国は２０１２年に経済の構造転換を声高に主張し始めるのだが、このことは習政権にとって純粋に経済政策という枠を超えた国家的課題であった。いうまでもなく、内政や社会の安定と深くかかわっていたからだ。

２０１７年、中国共産党は5年に一度の党大会（中国共産党第19期全国代表大会＝19大）を秋に控え、その準備のために年初から国内政治シフトが鮮明になっていた。19大では大きな人事が発表されるとあって内外の関心を集めたが、それと同時に習政権2期目の目玉となる政策への注目度も高かった。というのも反腐敗キャンペーンによって大衆の人気をある程度獲得した後の習指導部の評価が、本格的に問われようとしていたからだ。そして、大半の国民が期待していたのが経済であった。

国民の要求をよりわかりやすく表現すれば、「官僚をターゲットにした政治ショーは面白かったが、もう賞味期限がきた。そろそろ具体的にオレの懐を温めてくれ」ということだろう。習政権として、この要求に応えなければならなかったのである。

経済の構造転換が迫られる一方で、景気回復の果実を欲する国民の声にも応えなければならない。中国が将来にわたって成長していくためにも、政権発足以降に打ち出した政策をきちんと実現していかなければならなかったのだ。

すでに触れたように、具体的には第2次産業依存体質から第3次産業を柱とする経済発展モデルの構築や個人消費の拡大、製造業の高付加価値化、ハイテク産業の育成、基幹部品の内製化、デジタル化の推進などが挙げられるが、なかでも「一帯一路」構想への期待は破格に大きかった。

中国の周辺に巨大な成長エンジンが完成すれば、それが中国経済に大きく貢献することは、中国自身の過去の経験——中国自身がエンジンとなって、日本の構造不況産業を蘇えらせたこと——からも容易に想像できた。そのため、**「一帯一路」構想の阻害要因は、できるだけ排除しておきたい。それこそが中国が全方位で関係改善を進めてきた動機であり、巡りめぐって日本との関係改善を進めようとする要因にもなっていった**のである。

米中対立で中国が日本に接近してきたという恐るべき誤解

たとえ、日本との関係を以前のような友好ムードに戻せなくても、常に激しく対立するような関係から脱し、安定させたいとの欲求は、「一帯一路」構想を具体化させなければならないという中国の欲求が高まるにつれ強まっていく。だが、「一帯一路」沿線国との協力を進めていくなかで、中国にとっての日本の価値は、それ以上に重要になっていった。

そのポイントは、日本がこれまで経済援助やソフトな対外政策によって築き上げた、東南アジアにおける「信用」だった。

中国は従来の姿勢を転換したとはいえ、それはきわめて最近のことである。東南アジアの国々にとって、やはり強面《こわもて》で閉鎖的、かつ独断的なイメージは、そう簡単に払しょくできるものではない。そうなれば、たとえ中国には投資する資金があっても、それを受け入れる側に強い警戒感が働き、まとまる事業もうまくまとまらないという問題が避けられないと考えられたのである。

だが、**日本を表に立てればプロジェクトの信用力もアップし、なおかつ投資が受け入れられやすくなるという相互補完性が活かされてくる**のである。

まさに、2018年秋の**日中首脳会談で日本のメディアが多用した「第三国市場での協力」そのもの**である。

「二階親書」を受け取り関係改善を模索し始めた中国は、当初、日中のウィンウィン関係を「一帯一路」を通じて築くことができれば、おそらく外交的には満点だったはずである。だが、中国にとって日本の重要性は、ある外部要因によって、さらに高まることになるのだった。

それが米中貿易摩擦の激化である。

すでに多くの読者にとって、待ちくたびれた話題かもしれない。最後の第5章でその本質を分析する前に、ポイントだけを手短かに見てみよう。

ここまで多くのページを割いて説明してきたが、米中の対立という要因が、日中を結びつける力として作用したことは間違いないだろう。しかしそれは、あくまで**結びつきを加速させる力であって、根本的な「融和」へと向かう起動力となったわけではない。この点を見誤ってしまうと、日中接近の本質が見落とされ、今後の日中関係についての判断を誤ってしまう**ことになるのだ。

これからおよそ1世紀以上にもわたり、国際政治の中心を彩るであろう「米中対立」というテーマが、どのように日本に影響を及ぼすのか。その戦略的思考を忌避して、日本が国際社会で生きていくことはほぼ不可能だ。

そうであればなおさら、「米中対立によって、中国が日本に接近してきた」といった、まるでメディアの入社試験の模範解答のような理解で済ませてよいはずがない。そんな単純なとらえ方をし続ければ、それこそ国際政治の場でも、いっそうの「ガラパゴス化」が進んでしまうだろう。

米中対立の激化を受け、「中国はいよいよアメリカを本気で怒らせてしまった」などという言葉が一部の人々から嬉々として吐き出されたのは、その典型だ。

後に続く言葉は、「かつての日本やソ連のように中国も許さない。徹底的にアメリカにやられるだろう」だ。

まるで、地球の裏側で起きる戦争でも予測するような他人事のセリフだ。**予測するのは自由だが、私が理解できないのは、そこに少しの危機感や悲壮感も感じられないということ**なのだ。戦争はわれわれのすぐ隣で起きている。これを忘れてはならない。

「改ざんされていない数字」が物語る危機の大きさ

アメリカが「（中国を）許さない」とは具体的に何を意味しているのか。実のところ、私はよく理解すらできない。

ただ想像するに、そこには、中国国民が米中対立のなかで、その生活が立ちいかなくなるほどの困窮に見舞われ、人々の不満と混乱のなか中国共産党が政権の座を追われるというう、安っぽいシナリオが想定されているのだろう。

一部の日本人が大好きな、**「アメリカという〝神風〟が吹き、ある日突然、中国が脅威ではなくなる」〝崩壊〟というファンタジー**だ。

改めて文字にしてみると、気恥ずかしくなるほどの幼児性——自分の力ではない何かを期待しているという意味で——を含んだ発想であることがよく伝わってくるのだが、よしんば今、アメリカのプレッシャーの下で、中国がにわかに〝崩壊〟へと向かっていったとしよう。そのとき、このグローバル化の進んだ世界は、中国一国だけがズブズブと沈んでいくのを無傷で眺めていられるものなのだろうか。

どれほど楽観的なシナリオを描いたとしても、そんな都合のよいことが起き得ないのは間違いない。

先に引用した『通商白書2018』（第3章第3節、以下『白書』）から再び、いくつかの文章を以下に紹介しよう。

『白書』ではまず中国が、「2001年のWTO加盟以降僅か15年程度で米国と並ぶ世界最大規模の貿易大国となった」ことを指摘したうえで、世界における輸出入での位置づけの大きさを記している。

輸入では、

「世界の輸入額全体に占める各国の割合を見ると、主要先進国が輸出と同様に輸入においても世界に占める割合を漸減させる中、中国は大幅に割合を伸ばしており、2003年に日本、2009年にドイツを追い抜き、2017年には10・3％と米国に次ぐ第2位の輸入大国となっている。このことは、中国が世界の生産拠点、及び米国に次ぐ巨大な市場として、世界の貿易に強い影響力を持つようになったことを示している」

と結論。

また逆に中国からの輸入では、

「2017年には、カナダ、メキシコ、中南米の一部諸国及び欧州諸国を除き、中国を最大の輸入相手国とする国・地域の数が増加し、世界の約30％（189か国・地域のうち57か国・地域）と最大を占め、第2位で約15％（同28か国・地域）の米国、第3位で約13％（同24か国・地域）のドイツを大幅に上回っている」

ほどの大きな存在感を示していると解説しているのだ。

つまり、**〝中国崩壊〟によって影響を受けないどころか、最大級の危険な影響を予測すべきなのが現状**だということ。貿易統計は中国だけが発表しているものではないので、日本人が大好きな「改ざんした数字」として、この現実を切り捨てることもできない。

本書でも、米中貿易摩擦の影響を受けて日本の一流企業の業績が急速に悪化したことに触れたが、その影響は実際のところ日本だけにとどまらない可能性が高い。

以下、『日本経済新聞』（2019年4月28日付）の記事〈設備投資「トランプ」の影貿易戦争で不確実性高く〉の冒頭部分を抜粋してみてみよう。

——国内の設備投資に「通商不安」の影がさしている。米国発の貿易摩擦は中国だけでなく、欧州や日本にも及び、設備投資の減速シグナルとされる「通商政策不確実性指数」が上昇しているのだ。実際、設備投資に先行するとされる機械受注は頭打ちだ。設備投資は歴史的な高い水準に達し、国内景気を支えてきた。そんな構図はにわかに揺らぎ始めている——

不確実性が広がっただけで、これだけの影響が出ているのだから、〝崩壊〟に向かうなどということになれば、どれほど甚大な被害を予測しなければならないのだろうか。

中国が崩壊する、いや、そうなる前に世界経済はガタガタになり、日本は計り知れないダメージを避けられない——。

それは、細かい貿易統計を見るまでもなく、**もう何年も前に共通認識として日本人が理解しておかなければならなかった「基本知識」**だったのだ。

第5章

利害の複雑化

～分裂するアメリカの思惑と中国の最終ライン～

消えた「パンダハガー」と「ドラゴンスレイヤー」

さて、最後に貿易を入り口とした米中対立の「本質」を見ていこう。

この問題には複雑な力学が作用しているので、どの角度から対立を切り取るかで見え方の多様性が増してくる。通常われわれは、これを単純に「アメリカ」と「中国」という二つの主語で語ろうとしてしまいがちだ。だが本来、そうしたアプローチには限界がある。**一口に「アメリカ」といっても、そのなかには思惑の数だけ〝主語〟が成立する**からだ。

たとえば、アメリカの国としての利益とトランプ政権の利害は完全に一致しているのか、といえば必ずしもそうではない。

どういうことか。

トランプ政権が矢継ぎ早に発した報復関税により、中国の企業——とくに対米輸出に大きく依存してきた企業——は大きなダメージを受けた。だが報復関税のダメージは、中国に生産基地を置いている多くのアメリカの企業にも同じように及んでいて、そうした企業の業績を圧迫している。

また多少のタイムラグを経て、それは価格の上昇となってアメリカ市場に跳ね返り、最終的には消費者の利益を損ねることになりかねない。

中国が、驚愕のコストダウンを実現できる「ミラクルボックス」であったことは説明したとおりであるが、それを利用してきたのはアメリカの企業も同じであり、消費者は知らぬ間に「メイド・イン・チャイナ」に強く依存するようになっていったのである。

その関係が切っても切れないレベルになっていたことは、「チャイナ・フリー」が流行語になったにもかかわらず、中国製品を排除できないことを認識した過程を見ても明らかだろう。

つまり報復関税は、中国にダメージを与える効果はある反面、アメリカ自身が大きな返り血を浴びることが避けられない「両刃の剣」なのである。

トランプ政権が、わかりやすい手段で中国を追い詰めようとしているのは、アメリカ国内のトランプ支持層を意識してのことだ。だが、米中が報復関税をかけ合う泥沼に陥って以降、マーケットはおおむね、米中が歩み寄りの雰囲気になると好感し、逆に対立の長期化を予測させるような動きになれば、株価を下げるという反応をしている。このことからも、**報復関税は必ずしもアメリカ国民全体の利害と一致した行動とはいえない**のである。

ただ一方で、アメリカ政治が対中政策において意見が割れているのかといえば、決してそうではない。安全保障上の脅威として認識され始めた中国という意味では、共和党の支持層であれ民主党の支持層であれ、厳しい見方をしていることに変わりない。

また企業活動においても、軍事技術に直結する問題や、次世代技術の規格を支配するような中国の動きには、強い警戒感を共有している。なかでも政府や軍のエリート層に、この傾向がはっきりと見てとれるのである。

つまり、**かつての「パンダハガー（親中派）」と「ドラゴンスレイヤー（反中派）」という対立軸は消えてしまった**ということだ。それゆえに**中国との利害は、より細分化され複雑になった**と見ることもできるだろう。

だからこそわれわれは、米中の対立を「アメリカ」と「中国」という単純な二つの主語ではなく、より細かく見ていくべきなのである。

中国国民が決めるアメリカと迷わず戦う条件

とくに重要なのはアメリカの「怒り」の中身だ。

たとえば、アメリカは今、中国と不公正貿易を俎上に載せて交渉を行う一方で、中国の進める長期経済政策「メイド・イン・チャイナ2025」（中国製造2025）を名指しして、これを「止めろ」とプレッシャーをかけている。だが、貿易不均衡の問題と中国の製造業が猛スピードで米系企業をキャッチアップしている問題は、一くくりに扱うことのできないテーマだ。

しかも詳しくは後の項で説明するが、**アメリカ政府がZTE（中興通訊股份有限公司）をターゲットに制裁を加えたことは、トランプ政権の初期段階の意思とは必ずしも一致していなかった**。また同様に後述するが、**安全保障上の観点から同盟国を中心にファーウェイの通信設備を使わないよう呼びかけている問題も、当初からトランプ政権にファーウェイへの強い拒否反応があったかといえば疑わしい**と言わざるを得ない。

こうしたことが起きるのはなぜか。アメリカという〝主語〟を拡大してみよう。そうすると、アメリカが、さまざまな個人や団体の思惑や利害、感情によって構成された〝複合体〟であることが見えてくるのだ。

中国ビジネスで大きな利益を出している経済界の面々も、進出先の地方政府による強い圧力の下で技術移転を迫られたり、あるいは外国からの投資を厳しく制限されたり、「発展途上国」であることを盾に閉鎖的な姿勢を改めたりしないことなどから、中国に不満を募らせている。だが、それは対中ビジネスとはほとんど縁のないワシントンのエリートが抱く、来たるべき「米中逆転の悪夢」を念頭に、中国排除を視野に入れた強い感情とは程遠いものなのだ。

トランプ政権にしてみれば、はるか先のパワーシフトなどより、次の大統領選挙で追い風となってくれる「中国に対する勝利」がより重要なのだ。世界で最も強力な権力を握るグループが、何よりもその権力を維持することに最大のエネルギーを注ごうとするのは、むしろ自然なことだ。

だが、そのトランプ政権の内部も、個々の政治家の利害にまで目を向ければどうだろうか。そこには、ライバル政治家の排除を目的に中国との距離を測ったり、自分の背後にある団体の意向を反映したり、はたまた自身の能力の証明や政治信条の反映を目的として活動したり、自己保身のために動いたりする者もいる。このように、立場も目的もアプローチも落としどころも一致しているとは、とてもではないが言いがたい。

他方、中国はどうだろうか。

アメリカが「不満」という旗の下でおおむねまとまっているのとは反対に、中国は現状でアメリカと正面から対立するデメリットをよく理解している。そのため基本的には、妥協的な態度で対米交渉に臨むだろう。

だが、一点だけ注意が必要なのは、中国がその妥協的な態度で交渉できるのは、一定の条件が整ったうえでのみ可能だということである。それこそ「中国国民が受け入れられる」という条件である。

言い換えれば、**もし中国国民が中国共産党を「政権の座にとどまるのにふさわしくない」と判断すれば、その時点で共産党に選択肢はなくなる**ということだ。よりわかりやすく、かつ極端な表現をすれば、**「中国国民に殺されるか、アメリカに殺されるかの選択になれば、迷わずアメリカと戦うほうを選ぶ」**という話である。

トランプ政権の真の攻撃目標を明らかにしたペンス演説

事実、中国の対米交渉の態度は一貫して対決を避けながらも、表情をこわばらせる場面が少なからずあった。

つまり米中の距離感は、多種多様で気まぐれな〝風〟の変化に常に左右されながら、日々形を変えているということでもあるのだ。そのことを前提に、ここからは、より具体的な話に入っていきたい。

米中の対立が深刻化し、日本の市井にまで「米中新冷戦」という言葉があふれるようになるのは、2018年10月4日、マイク・ペンス副大統領がハドソン研究所中国戦略センターで、スピーチ（ペンス演説）を行ってからのことだ。

このペンス演説には、中国にとって厳しいだけでない側面が少なからず含まれていた。だが、一般に「対中宣戦布告」と呼ぶ声が聞かれるように、アメリカの強い決意と対中政策の大転換の象徴として受け止められている。副大統領の個性も影響しているはずだ。

演説のなかでペンス副大統領が強調したのは、中国へのかつての期待と失望、そして苛立ちである。要約すれば、アメリカは当初、経済の自由化により中国がアメリカのパートナーになると考えてきたが、そうはならず、それどころか経済的にアメリカを敵視し、攻撃性を露わにしてきたという強い不満だ。

そして、あろうことか中国は軍事力を高め、経済力や政治力、さらにプロパガンダを動員して、アメリカの国内政策や政治活動にまで干渉をし始めたと批判する。具体的に、中間選挙への介入にも言及した。

　このほか、中国が約束を反故《ほご》にして南シナ海を軍事拠点化していることや、国内で自由と人権の尊重をないがしろにし、統制と抑圧を強めていること。さらに「一帯一路」では、沿線各国を「債務の罠」によって支配しようとしているとも批判している。

　そして本書の最大のテーマである経済分野のあつれきにおいては、その前提として中国が過去17年間でGDPを9倍に成長させられたのは、ほとんどアメリカによる中国への投資のおかげだと強調している。それなのに中国が自国内で事業を行う対価として、進出企業に知的財産の提供を強要していることや、サイバー攻撃や不当な手段で得た技術を軍事技術にも転用していることが問題なのだと指摘しているのだ。

　およそ、**これまでメディアで取り上げられた中国の問題のすべてが、この演説に凝縮されていると言っても過言ではない**。興味深いのはペンス氏が演説において、中国共産党が「メイド・イン・チャイナ２０２５」（中国製造２０２５）を通じてロボット工学、バイオテクノロジー、人工知能といった世界の最先端産業の90％を支配することを目指しているとの危機感から、トランプ政権の発動した対中制裁関税のなかで最も高い関税は、そうした先進産業を対象としていると語っていることだ。

　この時点で、**トランプ政権の攻撃目標が、きっちりと最先端産業に向けられていること**

が見て取れるだろう。

なぜ狙いが自動車と金融市場から先進産業に変わったのか？

だが、アメリカが当初から先端産業に狙いを絞って中国を追い詰める戦略を持っていたのかといえば、必ずしもそうではない。

2017年11月8日、トランプ大統領は2日間の日程で北京を公式訪問した。このとき日本のメディアは、米中首脳会談の最大のテーマは「朝鮮半島の非核化問題」だと報じていた。だが、実際のところ**超大国アメリカが中国とどういう関係を築いていこうとしているのかが固まっていたわけではなかったため、中国からすれば明らかにその基礎を固め、形を整えることこそが最大のミッション**であったのだ。

なかでも対外貿易において、アメリカの利益が侵されていることを選挙中から繰り返していたトランプ氏が、経済分野において中国から大きな妥協を引き出そうとしていることは明らかであった。

つまり、翌2018年春以降から始まる関税の応酬といった激しいものではなかったとはいえ、**経済問題はトランプ政権発足時から米中関係を揺るがす〝地雷〟**ではあったのだ。中国側も、そのことをよく理解していた。だからこそ、訪中したトランプ大統領に「市場開放」という大きなお土産を用意し迎えたのだ。

結果、中国は当初懸念していたような問題に直面することなく、首脳会談を乗り切ったと胸をなでおろした。

トランプ大統領の訪中を終えて中国側が少なからず安堵したことは、首脳会談後に外交部が自身のホームページ（リーダーの活動）で、「両首脳が共通認識に至った」ことを嬉々として報告していることからも伝わってくる。そのタイトルは、〈中米首脳会談では他方で重要な共通認識に至った　ともに努力して両国関係をさらに大きく発展させることで同意〉であった。

この報告のなかで中国は、アメリカ側が求めている市場開放のタイムスケジュールとロードマップに従い、いくつかの分野でさらなる市場開放を進めることに言及している。これは米中の話し合いのなかで求められた分野だと考えられるが、そこで示されているのが次のような内容だ。

――大幅な金融緩和を行い、銀行、証券、保険業の市場を開き、自動車の関税を逐次適切に引き下げていく。また2018年6月までに自由貿易試験区内においてスペシャルカー及び新エネルギー車の外資の株式比率制限をモデル事業として引き下げていく。加えてトウモロコシ由来のエタノール車の輸入段階での増値税を国内における水準と同等にまで引き下げ、輸入品に対する増値税免除政策を復活させる――。

トランプ政権が、金融市場の開放や輸入車の関税の引き下げといった問題にターゲットを絞り、中国側に要求を出していたことがよくわかる。

これはペンス演説でターゲットにされた「中国政府がコントロールしようとしている先進産業」ではなく、むしろ、当初は素直に**アメリカが対中貿易で稼いできた自動車と、今後の開発余地の大きい金融を狙っていた**という〝証拠〟だ。

では一体どの時点で、アメリカのターゲットは変わり、絞られたのだろうか。

この疑問を解くカギが中国の国有企業「ZTE」なのだ。

当初は貿易摩擦を楽観視していた共産党上層部

通信・情報技術のリーディングカンパニーの一つＺＴＥは、中国を代表する大手国有上場企業で、スマートフォン、通信設備ではファーウェイに次ぐ存在として知られている。

２０１７年7月に発表された「中国５００企業」（財富中文網）では68位だが、ニューエコノミーに大きく舵を切った習近平政権下では、その数字以上に重要な存在だ。**２０１０年から8年連続で、国際特許出願件数で世界トップ3にランクイン**した実績を持つ。さらに**次世代通信技術5G関連の国際特許出願件数は合計１７００件を上回り、この技術においては国の期待を一身に背負う国有企業**なのだ。

このＺＴＥという企業が、なぜ米中貿易摩擦の様相を一転させてしまったのか。

きっかけは米商務省が、突然、すべての米国企業に対しＺＴＥへの商品、部品、ソフト、技術の提供を禁ずると宣告したことだった。２０１８年4月16日夜（アメリカ現地時間）のことである。

この制裁が、ＺＴＥに致命的なダメージを与え、同社は経営危機に陥った。しかも、その影響はZTE一社にとどまらない。**ZTEの〝落城〟は、貿易摩擦における中国の守備が総崩れとなりかねない可能性を、共産党の上層部にイメージさせた**からである。

このダメージの大きさを理解するために、再度、中国の産業が置かれている状況について説明したい。

すでに述べてきたように、中国はかつては「世界の工場」という名の〝下請け〟だった。しかし、その地位に甘んずることなく基幹部品の内製化を進めようと、国を挙げて取り組んできた。その過程では、日本をはじめとした先進国企業の警戒を招いたものの、基本的な関係が壊れることはなかった。ぶつかることがあったとしても、あくまで圧倒的な相互依存、ウィンウィン関係のなかの、小さな利害対立にすぎなかったのだ。

それゆえに、**中国は初期の段階では米中貿易摩擦を楽観視**していた。

たとえば、2018年4月8日付『人民日報』（海外版）は、〈党機関紙報道 アメリカの独善 遊びが過ぎる 最後に惨めに負けるのはアメリカだ〉と題した記事を掲載し、そのなかで

「アメリカの保護主義的なやり方は国際貿易の規則を明確に逸脱し、他人を傷つけるだけでなく自らも害し、グローバル経済の秩序を破壊する」

と強い言葉で攻撃している。

背後にある中国の理屈がよく理解できるのが『人民日報』（日本語版）2018年3月28日付の記事〈中米の経済関係を把握するには現実を見る必要がある〉だ。記事では米イェール大学シニア・フェローであるスティーブン・ローチ氏の分析を引用し、

――米国は101カ国との間に貿易赤字を抱えている。実は中国の対米貿易黒字は、中国が利益を得て、米国が損失を被っているということを意味するものではない。米国の消費者に目を向けると、中米貿易は米国の家庭にとって年850ドル以上を節約する助けとなっている。研究によると、企業レベルでは、中国の対米貿易黒字のうち約40％は中国で経営する米国企業による――

と述べている。

要するに**「貿易赤字といいながら儲けているのは米国企業ではないのか」**という主張だ。これは中国の貿易黒字に占める米企業の利益のことだ。ではアメリカの企業が純粋な対中輸出において何で儲けているのか。それについては、同じ記事のなかに「米国が輸出す

るボーイング機の26％、大豆の56％、自動車の16％、集積回路の15％の相手国が中国だ」という記述が見つかる。

〝中国攻略〟のヒントとなったＺＴＥの全面敗北

注目すべきは「集積回路の15％」という部分だ。

もっとかみ砕いて言えば、中国が製品を組み立てて輸出（販売）するためには、アメリカから輸入するしかない基幹部品が、これに当たるということ。もちろん中国が、国を挙げて内製化を目論んだ一つの大きな理由も、ここにあった。

だが、米商務省の制裁によってＺＴＥが、インテル、マイクロンテクノロジー、クアルコム、ブロードコムといったアメリカの企業から部品を調達できなくなれば、たちまち同社の製造ラインは止められてしまう。期限は7年後の２０２５年3月13日まで。まさに、突然の死刑宣告に等しい制裁となったのである。

しかも、アメリカがこうした戦いの戦線を他のハイテクメーカーにまで拡大すると考えたとき、ＺＴＥと同じく干上がる中国の企業が続出することは、たやすく想像できる。

とまれ、結局、この問題はＺＴＥが米商務省に対しベタ降りすることで決着していく。２０１８年６月７日（アメリカ現地時間）、対中強硬派として知られるロス米商務長官がＣＮＢＣのインタビューに答える形で、アメリカのＺＴＥに対する制裁の正確な中身が明らかにされた。それは、14億ドルの罰金（4億ドルの補償金を含む）に加えて、ＺＴＥの董事《ドンシー》（取締役）と経営幹部を30日以内にすべて刷新せよという、受け入れ難い厳しい条件だったのだ。

しかし**ＺＴＥは6月29日、唯々諾々とこれに従い全董事と経営幹部を入れ替えた。**中国語で「大換血《ダーホワンシュエ》」と表現されたＺＴＥの敗北に激しく反応したのは、ネットユーザーたちだった。なかには、「屈辱！　金正恩《キムジョンウン》なら、もうとっくにアメリカに向けＩＣＢＭを発射しているぞ」といった過激な内容の書き込みまであったのだ。

国有企業の人事は、いうまでもなく国務院の影響下にある。それが米政府の鶴の一声で吹き飛んだのだから、ネット市民以上に中国政府にとっての屈辱であったはずだ。

8万人の従業員と31万人の投資家に支えられた巨大国有企業ＺＴＥがもろくも崩れたことで、トランプ政権は中国との戦い方に一つの大きなヒントを得たのではないだろうか。その結果、中国との向き合い方も態度も、より「強硬」なものへと転換していったのだ。

2018年5月中旬には、ムニューシン財務長官と劉鶴《リウホウ》副首相との間で共同声明が出されるほど米中の雰囲気は改善したのだが、その10日後にアメリカ側はこれを引っくり返す。さらに、6月上旬に米代表団を北京に迎えた話し合いでは、

「積極的で具体的な進展があった」

と双方が語ったものの、その12日後にはアメリカが制裁関税を一方的に発表するという具合だった。

6月21日には中国外交部スポークスマンが、

「(米中は)5月19日にワシントンで共通認識に至り、6月初めには北京で農業・エネルギー分野で具体的な協議を行い、その成果を経て、近々製造業とサービス産業分野の話し合いに入ろうとしていたのではないか……」

と恨み節を吐いた。

だが、このときワシントンではすでに対中貿易交渉の主導権は、ムニューシン財務長官から強硬派で対ZTE制裁を行った商務部のトップ、ロス長官やライトハイザー米通商代表部(USTR)へと移っていたのである。

次々と狙い撃ちされる中国のニューテクノロジー

誤解のないよう再度記しておくが、前述のようにＺＴＥへの攻撃は当初からトランプ政権の対中メニューにあったものとは考えにくい。

というのも、米商務省が最初にＺＴＥに疑惑の目を向けたのは２０１２年である。正式な調査を始めたのも16年3月で、いずれもオバマ政権下でのことだ。このとき、８億９２３６万ドルの罰金が科されているのだが、ＺＴＥは制裁に懲りることなく、今度は江《こう》蘇《そ》省無錫《むしゃく》市にある企業を利用し国内取引を装ってイランにチップを横流しし、再び商務省を激怒させたという経緯がある。

つまりこの問題は、**貿易戦争の余波で起きたものではなく、ＺＴＥという企業の体質そのものの問題**なのだ。

ところがその後、先に引用した中国外交部スポークスマンがいみじくも語ったように、米中の交渉の焦点も、トランプ政権が目指す勝利の内容も変わっていった。スポークスマンの言葉を借りれば、米中は「農業・エネルギー分野で具体的な協議を行い、その成果を経て、近々製造業とサービス産業分野の話し合う」というメニューに従って、ロードマップを描いていたのである。

それが、ペンス演説で示された内容や方向と一致しないことは、指摘したとおりだ。

つまり、**トランプ政権が一つの戦略に従って中国を追い詰めてきたと見るよりも、むしろ突然飛び込んできたZTEという問題に刺激を受け、対中戦略を修正してきたと見るほうがはるかに自然**なのだ。

事実、交渉が始まった当初の内容から比べると、アメリカの要求は、最先端技術の覇権を狙い、軍事技術を高め安全保障において存在感を強める中国をけん制しようと、ぐっと方向を転換していっているのだ。

この流れが確定的になるのが2018年8月、米上下両院が超党派の賛成を得て可決した「2019年度米国防権限法（NDAA2019）」である。これによりファーウェイ、ZTEのほか、監視カメラ大手のハイクビジョン（杭州海康威視数字技術）、ダーファ・テクノロジー（浙江大華技術）、ハイテラ（海能達通信）など5社から、政府機関が製品を調達するのを19年8月から禁じることが決まった。

また2020年8月からは、5社の製品を使う企業との取引も打ち切り。それに加えて、環太平洋合同演習（リムパック）から中国を排除し、台湾への武器供与を進めることも決められたのである。

まさに現在のわれわれがよく知る米中対立の形が、ほぼ固まったことが理解できるのではないだろうか。

米中対決の〝パンドラの箱〟となる台湾

だが、中国はＺＴＥの敗北から、一方的にアメリカの攻勢の下でただ身をすくめて過ごしてきたわけではない。

周知のように中国は、アメリカが中国からの輸入品に対してかけた制裁関税に対し、その報復となる関税をアメリカからの輸入品にも課し、少なからず〝米中の応酬〟と呼ぶべき状況をつくり出したのである。

この報復関係の発動は、果たして中国がメンツを保つために「やせ我慢をした」結果なのだろうか。

必ずしも、そうではない。

中国がアメリカとの間で、こんな泥仕合をエスカレートさせたところで、中国側のメリットはまるで見当たらないのだ。では、とりあえず形だけの報復をしたのかといわれれば、それもまた違うだろう。

というのも、**ある時点から習近平政権は、「たとえ大きな犠牲を払うことになっても、アメリカと対峙しなければならない」と腹をくくったと考えられる**からである。

それは、どの時点の何がきっかけなのか。

実は、その一つの原因は台湾にあるのだ。

中国は、ペンス演説にあった「中国が過去17年間でGDPを9倍に成長させられたのは、ほとんどアメリカによる中国への投資のおかげだ」という表現には、さすがにもろ手を挙げて賛成はしないだろう。

だが、それでもここまでの高速発展が2001年のWTO加盟――これはアメリカの後押しで実現した――と、西側先進国をはじめ世界の国々との貿易、グローバル経済によってもたらされたということはよく理解している。

だからこそ、アメリカを頂点とした現行の世界経済の秩序には基本的には従っていたほうがメリットが大きいこと、そして対立関係に陥った際に発生するデメリットもよく知っている。

だが、そうした前提がありながらも、この合理的な考え方をあえて打ち捨てざるを得ないケースがある。それが、アメリカが台湾問題に触れたときだ。

台湾で大きな譲歩をアメリカが迫れば、たとえ大きな犠牲が見込まれても習近平政権は対決の道を選ぶことになる。理由は、その問題で外国に妥協する政権を現状、国民が絶対に許さないからである。

共産党としては、アメリカと決定的な敵対関係に陥るのは避けたいというのが本音だ。しかし、それ以上に恐ろしいのは、自国民から政権担当者として「無資格」の烙印を押されることなのだ。**国内で権力の座から引きずり降ろされるくらいならば、アメリカに徹底抗戦する道を選ぶのは、むしろ当然の選択**だろう。

米議会が国防権限法を可決し、中国の先進企業5社を排除することは許容範囲だとしても、アメリカが堂々と台湾へ武器供与を進めるとなれば、民意がどのように反応するのか予測できなくなる。だからこそ中国は、民意が絶対に爆発しないよう、どんなリスクを負っても「断平対抗」しなければならなくなるのだ。

事実、2018年8月、国防権限法の影響もあるのだろうが、台湾との距離を縮めるアメリカの動きが顕著になっていった。

中国はこのころから、明らかにギアチェンジしていく。

愛国者こそ考えるべきトランプ政権の覚悟のほど

アメリカは果たして、14億の国民を抱える中国と、この先どのように向かい合おうとしているのか。

それが不確かなのに——実際、トランプ政権に一貫した方針があるのかも怪しい——、日本では「アメリカが中国を許さない」といった言葉があふれている。おそらく、かつてレーガン政権が旧ソ連に軍拡競争を挑み、崩壊へと追い込んだサクセスストーリーを思い浮かべているのだろう。

だが、前提に根本的な誤解がある。すなわち、**ソ連が崩壊してもロシアという脅威はなくなっていないということだ。また、その前段として当時の米ソ間には経済的な結びつきがほとんどなかった**点も見過ごされている。。

前者は、たとえ仮に、中国に「当面立ち直れない破壊」を与えた——そんな便利なツールがあるとは思えないが――としても、中途半端に中国を叩けば、数十年後にもっと厄介な中国が戻ってくることを意味している。また後者は、**「相互確証経済破壊」という言葉――もともと大国がそれぞれ核兵器を持つことで、互いがけん制されることを指して使われた国際政治用語「相互確証破壊」の経済版――があるように、米中は互いの経済を破壊してしまえるほど、密接に利害を共有している**ということだ。

つまりアメリカが「どう中国と向かい合うか」という課題は、アメリカがどれほどの犠牲を覚悟して、どれほどのダメージを中国に与えようとしているのかという問題でもあるのだ。

少し遠回りして話をしてみよう。

たとえば今、警察の存在しない社会で、隣が大きくなることが許せない裕福な大家族があったとしよう。かつてお隣は貧しく、かつ子だくさんだったので、大家族は家事の手伝いをさせ賃金を支払っていた。

やがて貧しい家族は賃金を貯めて、それを元手に商売を始め、まあまあの成功を収めた。その後も裕福な家族は、貧しい家族が自分たちの仲間となり、地域に対し一定の責任を果たすことを期待し、さらなる援助を行う。

ところが、貧しい家族は社会のことには関心を示さず、自分の家族のためだけに利益をむさぼった。手癖も少々悪く、家の手伝いのかたわら、裕福な家から商売のノウハウも持ち出した。そして貧しい家の商売が拡大し、いよいよ裕福な家族を苛立たせるまでになったのである。

さて、どうしようか。隣の家と決定的に対立すれば、隣の家に任せていた家事は自分でしなければならず、これまでの余裕のある日常は失われる。本来、日常生活に支障が出るほど激しい争いをしたい人間など、まずいない。むしろ、社会でのステイタスや収入を維持し、生活面では子どもたちを安全な環境で育て上げたいと思うだろう。

だが、迷った挙げ句、やはり貧しい大家族が許せず手を出すのだが、貧しい大家族のほうも何が悪いと反撃に出る。こうして報復の応酬を続けるうちに、両家はボロボロになるまでやめられない争いへと突入していってしまう……。

国も一緒だ。

戦後間もない時期は神経過敏なほど戦争を忌避し、どの国も国際協調の重要性を認識する。だが、時間が経つにつれ、思慮の浅い人間は段々と「人間の恐ろしさ」を忘れ、感情のままに隣国を汚す言葉を発し、「愛国者」を気取り始める。実際、こうした人々は無用に大衆を煽るだけで、解決の道筋一つも示せない。ところが、大衆がそうした人間を「はっきりものをいう人」とおだて始めると、政権がそれを利用して〝毒まんじゅう〟を食らう。こうして、悪い連鎖に陥っていく。

こうなると平和時には存在感の薄かった軍隊が、その地位を高めようと動き出し、それに呼応した政治家が「外交交渉」を「妥協」だと批判し始める。政党政治が有権者の不満を蓄積させるのはいつの時代も同じであるから、「政府の弱腰」を大声で批判する政治家に決定権を持たせれば、大衆も日ごろのモヤモヤが一気に吹き飛ぶような気持ちになり、また新しいものに期待する高揚感も生まれる。

こうして誰もが意識しないままに一線を越え、大きな破壊を目の前にして初めて、「こんなことを望んでいたわけじゃなかった」という愚かな言葉を吐くことになる……。

世界が繰り返し行ってきたことだ。

金融という「豚」を差し出した中国最大の妥協

トランプ政権が台湾問題で共産党政権を追い詰めれば、中国は犠牲を覚悟でアメリカに立ち向かわなければならなくなる。トランプ政権が、この問題で中国に「非敵対」という態度を求めるのは無理筋だ。繰り返しになるが、この問題での妥協は国内での〝死刑宣告〟につながるからである。

中国が徹底抗戦を決意したら、アメリカはたやすく台湾を解放できるはずがない。たとえ中国が最終的に敗戦国となったとしても、凄まじいダメージをアメリカはこうむることになるだろう。

その戦後の弱ったアメリカは、世界のなかで、果たして現在と同じようなポジションを維持していられるのだろうか。少なくとも**ロシアはこの好機を逃さない**だろう。またそれ以前の問題として、**大きな犠牲を払う代償としての「台湾独立」という〝収支決算〟に、アメリカ自身が耐えられるのだろうか**。

こう考えればわかるだろう。すなわち、**アメリカが台湾問題に固執することの意味はほとんどない**。

だが、アメリカ国内には、1971年以来——1971年、ニクソン大統領の首席補佐官であったキッシンジャーの極秘訪中から、台湾切り捨て、中国の国際社会の復帰の流れが始まった——の「一つの中国政策」に反対し、キッシンジャー外交を「妥協的」と批判する勢力が少なからずある。事実、2018年から激化した米中貿易摩擦のなかで、その声が勢いを得ているのだ。

もし台湾問題を、単に対中圧力強化の一つのメニューとトランプ政権が考えているとしたら、それはアメリカ側の大きな勘違いだということだ。

ZTE問題で煮え湯を飲まされた習近平政権は、このボヤを早々に鎮火するべく、いくつもの妥協策を矢継ぎ早に繰り出した。

そのキーワードは「市場開放」だった。

2018年6月には、外資の市場参入のハードルを下げるため「外資の積極かつ有効利用による経済の高クオリティーな発展を推進するための若干の措置に関する通知」を発出。続いて7月28日には、外資の投資に関するネガティブリストを提出している。

そのリストのなかでは、**市場開放の対象を金融・農業にまで広げることを明記**しているのだ。これらはいずれも、中国が従来から開放に抵抗してきた分野である。さらに2日後の7月30日には、自由貿易試験区のネガティブリストも公表された。そこでは**アメリカの要求に応じ、種苗、ガス、鉱物資源、VAN（付加価値通信網）を、その対象として含めた**のである。

ZTEの敗北が確定した2018年6月から7月の間に、習近平政権がこうまで慌ただしい動きをしたのは注目すべきだ。

なかでも金融の自由化に大きく踏み込んだのは、特筆すべきだ。というのも中国は、長らく日本の金融ビックバンの影響を注視してきたからである。

中国の金融業界の対外免疫は、1990年代後半の橋本龍太郎内閣当時の日本よりはるかに弱い。つまり**中国にとっての金融自由化は、肉食獣が待ち構えるなかで、でっぷりと太った豚がひしめく小屋の扉を開けるようなもの**。それでも、そうとわかっていてもやらざるを得なかったのだ。

だが、その妥協的な姿勢もトランプ政権が台湾問題に踏み込んだことで、中国は一変させるのである。

実はペンス演説に仕込まれていた関係改善のキーワード

2018年夏、台湾問題をめぐって中国はアメリカの動きに神経を尖らせていた。3月に成立した台湾旅行法案で実際に従来の米台関係を変え、政府高官の往来に道を開くのか否かを気にしていたからだ。

もし、アメリカがそうした姿勢を明らかにすれば、中国はアメリカとの関係を根本から見直さなくてはならなくなる。そして夏には、その試金石のごとく、**同法案成立後初めて、蔡英文《ツァイインウェン》台湾総統がアメリカを経由して中南米を訪問**（8月13〜18日）したのである。

内政でつまずいた蔡総統が、対米関係の強化で支持率の回復を勝ち取ろうとすることが懸念されていた。同時にトランプ政権も、蔡総統の動きに呼応しかねないと、中国側は危機感を抱いていたのだ。

一方、8月にはエルサルバドルが中国との国交樹立を宣言。台湾と断交した。これは習近平政権にとっては大きな外交的勝利に違いない。その反面、台湾にしてみれば蔡政権誕生以降、すでに5カ国目の外交関係の喪失であるから、彼女たちを追い詰めすぎる可能性もあった。しかも台湾では景気の低迷が長引き、11月に控える統一地方選挙で与党民進党の苦戦が伝えられていたうえでの失点である。

追い詰められた蔡総統が、窮余の一策でトランプ大統領を巻き込んで中国を強烈に刺激することも十分考えられた。

さらに中国がアメリカに対する態度を硬化させたのは、アメリカの議会や政府の内部にも、「台湾問題で中国に遠慮するな」という声が高まっていたからである。

そして**実際、台湾をめぐるこの一連の動きの後、米中は互いに報復関税をかけ合う泥沼に突入していった**のだ。

7月6日、トランプ政権は制裁の第一弾として中国からの輸入品340億ドル分に対し追加関税25%を上乗せ、中国も対抗して同額のアメリカからの輸入品に対して報復関税をかけた。8月23日には、再び米中は160億ドル分の輸入品に対して25%の追加関税を互いに課した。

続く9月24日、トランプ政権はさらに2000億ドルの輸入品を対象に関税を10%から25%へと段階的に引き上げる第3弾の制裁を発動。中国も600億ドル分に対する関税の引き上げを決めた。

米中間に険悪な雰囲気が広がり、首脳会談も当面行われないのではないかという憶測が飛び交うなか、前述したペンス演説が10月に発表される。これが「対中宣戦布告」とさえ呼ばれていることはすでに触れた。

だが、一方で**ペンス演説には、実は中国側が安心する材料もいくつか込められていたのだ。その最も重要なキーワードが、台湾問題でのアメリカの立場を示した「一つの中国」**

を「尊重する」であったのだ。

同時に演説では、トランプ大統領が「中国との建設的な関係を望んでいる」ものの、「中国はこのビジョンからさらに遠ざかっている」と批判。**「中国の支配者たちが、方針を変更し、数十年前のこの関係の始まりを特徴づけた改革と開放の精神に戻る」ことを望む、と問題解決の方向性を示した**。

これを受けて米中首脳は11月1日に電話会談を行い、翌月1日のアルゼンチンで開催されたG20ブエノスアイレス・サミットにおける首脳会談へとつながっていったのである。

命運を分けたファーウェイとZTEの決定的な違い

だがこの直後、中国の態度を再び硬化させる出来事が起きた。

12月5日、中国の通信業界の雄・ファーウェイの財政部門を取り仕切ってきた孟晩舟CFOをカナダ司法当局が逮捕したのである。

この逮捕が、トランプ政権の対中戦略の一環ではあったかどうかについては、実はきわめて怪しい。

そもそも**ファーウェイの問題は、ZTEと同じくトランプ政権が誕生するはるか前の話、2010年から14年にかけて、イランに対して不正に技術を流した件であった**のだ。トランプ政権で国家経済会議（NEC）委員長を務めるクドロー氏は、米ニュース番組「Fox News Sunday」のなかで、トランプ大統領は、孟晩舟逮捕の4日前にブエノスアイレスで開かれた習近平国家主席との夕食会の前に、彼女を逮捕する計画について知らされていなかったと述べた。米紙『ワシントン・ポスト』も、そのことを記事にしている。

ただ中国との問題においては、常に一つのコントロールタワーが機能しているわけではない。むしろ前述したように、数々の思惑が交錯しているため、きわめてわかりづらいのである。

孟晩舟逮捕のニュースが世界を駆け巡ると、中国ではネットを中心にトランプ政権に対する反発が激しく巻き起こった。

実は中国の国民はトランプ大統領には概して好意的で、米中が互いに報復関税をかけ合う事態に至ってもなお、国民感情は比較的安定していたが、カナダでの逮捕劇以降、急速にとげとげしい反応へと変わっていったのだ。

そのきっかけとなったのは、**孟CFOがカナダ当局に連行される場面が公開されたこと**

だった。中国で社会的に身分のある孟氏が、欧米社会では手錠だけでなく足枷まではめられて連れまわされる……。**その姿を目の当たりにしたことで、屈辱にまみれた近代史のなかで植えつけられた中国国民の被害者意識が、強く刺激されたの**だ。

こうなると習政権は、台湾問題に対するときと同じように、態度を硬化させるしかなくなる。こうしてカナダに対して、強硬姿勢でプレッシャーをかけ始めたのだ。

その後アメリカが、次世代の通信技術である5Gにおいて、ファーウェイが世界の規格を握ることのないよう徹底した「排除」に動き出し、米中の対立は技術覇権をめぐる戦いの様相を強く帯び始める。つまり、ここにきて当初の貿易不均衡問題から、安全保障をめぐるにらみ合いへと変化していくのである。

ファーウェイを軸に対峙する米中の行方を見守る世界の目には、ZTEの次にアメリカからロックオンされたファーウェイが、早晩、ZTEと同じように白旗を掲げる姿が思い浮かんだことだろう。だが、実際には**5Gの通信インフラにおいて、ファーウェイの存在が世界の市場から排除され、消えていくことはなかった**。

ZTEと同じようにアメリカ製の基幹部品に依存してきたファーウェイが、なぜ無条件降伏という結末を免れることができたのだろうか。

それは、**ZTEとファーウェイの企業戦略に決定的な違いがあった**からだ。

泥臭いファーウェイの生き残り戦略

すでに述べてきたように、中国は基幹部品を輸入に依存するポジションから何とか脱しようと国を挙げて取り組んできた。その中国の目標に、最も忠実に突進し続けてきた企業の一つこそ、ファーウェイだ。

何かとライバル視され、比較されてきたファーウェイとZTEは、ともに中国のハイテク基地・深圳《しんせん》で生まれ本社機能も残しているが、**ZTEが国有企業なのに対してファーウェイは元軍人の任正非《レンジェンフェイ》CEOが創業し、地元政府や軍との深い関係が指摘されながらも、れっきとした民間企業**である。

つまりZTEに比べて泥臭く、かつ民間企業として生き残っていくための悪戦苦闘の歴史も背負っている。それだけに、ファーウェイは企業の存続に対する危機感がZTEよりも強く、弱点の克服にも貪欲であった。

また、惜しむことなく研究開発のために巨費を投じ、技術革新にも熱心だ。

２０１９年２月24日、スペイン・バルセロナで開催された携帯電話の見本市「モバイル・ワールド・コングレス（ＭＷＣ）」では、折り畳み式で５Ｇにも対応するスマホ「Ｍａｔｅ Ｘ」を発表して注目を浴びたのは記憶に新しい。

日本の家電量販店でも、ファーウェイの端末が目につくようになってそれほど長い時間が経過したわけではないのに、いつのまにか次世代通信で世界をリードするポジションを射止めて、アメリカの強い警戒の対象になっている。この事実こそ、ファーウェイという企業が備えるアグレッシブさを証明している。

そのファーウェイが、自社のブラックボックスのなかで技術を悪用すれば、すべての通信情報を抜き取り、それを中国政府に提供することもできるとアメリカは警戒している。いわゆるバックドア――不正アクセスが可能になるスパイウェアが仕込まれていること――や、送電網を通じて水道、電気、ガス、交通などへのサイバー攻撃が理論上可能になるという問題だ。誰にでも簡単に理解できるという技術ではないだけに、そうした指摘をされれば、人権意識の強い国に暮らす人々は胸騒ぎを覚えるのは当然だ。

もっとも**現状では、ファーウェイがそうした不正をしたという証拠はどこにもない**。そのため、潔白を自ら証明するのは、いわゆる「悪魔の証明」となるが、アメリカは国防権限法によってファーウェイを締め出すことを決め、同盟国をはじめ広くこれに同調することを求めたのである。

超大国アメリカににらまれた一民間企業――。その末路は、火を見るよりも明らかなはずだった。しかしながら、現実にはファーウェイが消滅の危機に瀕するようなことは、今のところない。

その理由の第一は、ZTEが半導体の供給を絶たれたことで瞬時に干上がったようなことが起こらなかったことにある。2019年4月15日付『朝日新聞』の記事〈華為CEO、アップルへの半導体供給に意欲　実現には壁〉に、その原因が記されてある。記事の冒頭で次のように述べている。

――華為技術（ファーウェイ）創業者の任正非（レンチョンフェイ）最高経営責任者（CEO）は15日放送された米CNBCのインタビューで、自社開発の高速通信規格「5G」向け半導体の米アップルへの販売について「オープンだ」と述べた。半導体メーカーとの対決を避けるため、自社の半導体を社外に売らないとしてきた戦略を転換する――

これは要するに、アップルが対立するクアルコムから5Gに対応する半導体の供給が受けられないところに、ファーウェイが「敵に塩を贈る」とばかりに提供を申し出たということだ。

ファーウェイは、半導体をある程度自社で賄える体制を整えているのだ。内製化に貪欲であったことの成果だろう。

世界中でファーウェイ包囲網の足並みが乱れる理由

ファーウェイがそう簡単に倒れない第二の理由は、アメリカの呼びかけに対してもろ手を挙げて賛成する国はそれほど多くなく、ファーウェイ包囲網がきちんと機能しなかったことにある。

これは、ファーウェイがきわめて低いコストで通信設備を提供できるからでもあった。日本でも自民党総裁選を控えた2018年8月、菅義偉官房長官が携帯利用料金について「4割程度下げる余地がある」と発言して話題になった。これは一説には、**楽天の携帯**

事業への新規参入が念頭にあり、楽天は当初、ファーウェイに通信基地の建設を依頼すればコストを半分程度に抑えられるとの計算が働いていたともいわれる。既存の設備を借りるのであれば、他の通信キャリアと通信料金で大きな差をつけるのは難しいのだから、理解できない話ではない。

経済大国としていまだ存在感を保つ日本がそうであれば、それ以外の国がどういう選択をするのかは言《げん》をまたない。少しでも安く通信インフラを整えたいというのは、どの国にも共通した欲求だからだ。しかも、もし通信インフラの整備が遅れれば、その遅れは通信分野にとどまらず、そこから派生するすべての分野・産業に及ぶのは目に見えている。経済発展に大きなマイナスになる選択を、一体どの国がするというのか。

こうした理由から**アメリカが仕かけたファーウェイ包囲網は、当初から新興国以下の発展途上国には神通力を発揮できなかったのだが、それればかりか先進国も例外ではなかったことがときを追うにつれ明らかになっていく**。

なかでも顕著だったのは、EUの対応だった。すでによく知られているように欧州委員会は、EU加盟国に対してファーウェイの排除を求めないことを決めた。『ブルームバーグ』は2019年3月27日付の記事で、欧州委員会が新たに出した5Gセキュリティー指針により、改めてファーウェイ排除は加盟国判断にゆだねるとの判断をしたと伝えている。

EUの伝統国であるドイツやフランス、イタリアも積極的に排除する態度はとっていない。たとえば、『日本経済新聞』は3月8日付記事〈ファーウェイ排除5Gで明示せず　独政府〉で、ドイツの消極的な態度を伝えている。

こうなると残るはアメリカを筆頭にファイブ・アイズ――諜報活動に関するUKUSA協定を締結しているアメリカ・イギリス・カナダ・オーストラリア・ニュージーランドの5カ国――だけとなるが、それも怪しくなってきている。

共同通信は4月9日に配信した記事〈ファーウェイ排除に逆らった英国　経済ブロック化に高まる懸念〉において、「英国家サイバーセキュリティーセンター（NCSC）は2月17日、ファーウェイについて利用を一部制限すべき領域はあるが、『安全保障上のリスクは抑えられる』と判断した。英政府もこの方針に基づき『全面排除せず』を決めるはずだ」と報じている。

また3月31日から4月1日まで、中国を公式訪問したニュージーランドのアーダーン首相は、

「われわれは外国企業の投資を歓迎している。ファーウェイを排除しない」

と中国メディアのインタビューに答えた。アーダーン首相は、

「一部の人はファーウェイの製品がニュージーランドで禁止されていると言いますが、それは事実ではありません。販売されています」

と語り、アメリカ政府のボイコット要求に対しても
「（ニュージーランドは）影響を受けません。われわれは独自の外交政策を持っています。圧力を受けても独自の政策決定をします」

と回答しているのだ。

最終的にどこに落ち着くのかは予断を許さないものの、このように先進国の足並みの乱れは確実に目立っている。

包囲網が崩れた理由は、前述したコストの問題——現在のファーウェイ製品はかつての「安かろう、悪かろう」ではなく、非常に高い技術で、かつ低価格である——も大きい。

その一方で、新興国から発展途上国にファーウェイの通信設備が普及することを前提にすれば、先進国企業の戦略が立てづらくなるとの予測があったことも忘れてはならない。**ファーウェイとの互換性のない状態で、新興国や発展途上国との間でうまくビジネスを展開していけるのか、ファーウェイ方式を採用している別の国の企業に優位な状況が生まれる**

のではないか、という懸念が働いたのである。

世界経済の成長エンジンが、今後、新興国から発展途上国へと移っていくことは、もはや逆らえない流れであろう。この状況において、**そうした地域で圧倒的な通信インフラ網をファーウェイが築いてしまえば、ファーウェイ排除を決めた国が、逆に大きく出遅れることにもなりかねない**のだ。

日本人が知らないファーウェイ排除後の世界

2019年4月14日、日中両政府は、貿易や投資などの経済課題を議論する閣僚級の「ハイレベル経済対話」を北京で開いた。日本からは河野太郎外相をはじめ6人の閣僚が参加したが、日中の接近という昨秋以来の流れが停滞したとの印象は否めなかった。

本書でも見てきたとおり、**日本経済は強く中国に依存し、中国の〝デキ〟如何で大きく業績が左右される**ことは避けられないのが現実なのだ。

だが、政治はいまだそうした現実を知らせることをせず、国民にはさまざまな注文を中国に突きつけてきたという姿勢を取り続けている。

〈河野外相、「中国は途上国の域越えた」と責任求める　北京でハイレベル経済対話〉

『産経新聞』

〈日中ハイレベル経済対話　知的財産の保護強化求める〉

NHK NEWS WEB

このほか、日本側の報道では牛肉の対中輸出問題で合意ができたことなどが報じられ、対話終了後には、習主席の来日のために環境整備に動いたことや、米中対立をにらんで日中接近が図られたという内容が紙面を埋め尽くした。

だが日本は、2018年末に事実上ファーウェイやZTEなど中国企業の排除に舵を切っていて、とても日中接近の環境が整ったとは言い難い対話だったという見方もある。

事実、ロイター通信は3月28日付の記事で、中国商務省の高峰《ガオフェン》報道官が、ファーウェイ問題に絡み次のように述べたと伝えている。

――日本の行動が不公平であれば、両国間の相互信頼や企業の協力に向けた自信が揺らぎ、二国間関係に打撃となる――

安全保障を前面に打ち立てれば、その多くをアメリカに依存する日本に選択の余地はない。その一方で、アメリカがどのような戦略で、どこを落としどころに対ファーウェイ網を築いているのかも、今一つ確認できないのも不安だ。

なかでも最も大きな疑問は、ファーウェイ排除後の利益がアメリカに向かうのかどうかもよくわからない点にある。**ファーウェイと同じ技術レベル、同じようなコストで通信網構築に貢献できるアメリカ企業は存在しない**。

スマートフォンが必需品となった現代では、なおさら通信インフラは経済のみならず安全保障面においても、他国に対し優位を確保するためのマストアイテムだ。そのことを考慮すれば、通信インフラを簡単に中国企業にゆだねることには抵抗を覚えるのは当然だが、かといって日本はおろか、アメリカにもそれに代わる手段がないことに、今さらながら驚かされる。

アメリカが日本に突きつけた「ファーウェイ排除」という踏み絵は、間違いなく国際政治の〝応用問題〟である。

1980年代には世界のGDPの約70%をG7が占めていたが、現在は40%前半まで減少し、やがて4割を切ると予測される。つまり、次の世界の勝者にとって、新興国から発展途上国での〝デキ〟がカギとなってくるのだ。そうしたなか、14億の人口を抱える中国と、やはり十数億人が生活しているアフリカに足場を固めたファーウェイが、そう簡単に消えるとは思えない。

アメリカという〝親分〟に従うか、それとも中国という〝無法者〟につくかという単純な二択の発想から抜け出せなければ、この日本という国に「明るい未来」が訪れることは決してないだろう

おわりに　「日中対立」関係を令和でどう活かすべきか

かつて鄧小平《デンシャオピン》は、香港返還交渉に際し「五十年不変」と語り、香港に暮らす人々の不安に配慮した。だが、ほとんどの香港人はこれを単なるマニフェストぐらいにしか受け止めなかった。

50年後を想像できる者などいないのだから、当たり前の反応かもしれない。50年どころか、10年後を予測することさえ容易ではない。平成の30年となればなおさらだ。日本では、平成元年に0・3％しかなかった携帯電話の普及率が29年には110％にまでなった。子どもや高齢者を除けば「2台持ち」市場すら飽和しつつある。

2019年4月30日をもって終わりを告げた平成の30年間で、日中関係も大きく姿を変えた。そこで、2国間で起きた変化、また中国の激動を改めて振り返ってみたい。

日本のわずか15％しかなかった中国のGDPが、今や日本の3倍に膨らんだ変化は象徴的だろう。だが、実は平成元年＝1989年当時の中国は、国家存亡の危機のなかにあったのだ。

平成元年は、私にとって忘れられない年だ。

週刊誌の記者1年生で天皇崩御とぶつかり、また殺人事件の現場を走り回るなか、川を一本隔てた——一衣帯水の——隣国、中国で世界を震撼させる事件が起きたからだ。

血の惨劇、天安門事件である。

民主化を求める学生や市民を、中国共産党は人民解放軍を使い力で排除した。

早朝、カーテンのすきまから漏れる弱い光のなか、受話器を持ち上げると、取り乱して嗚咽《おえつ》する中国の友人の声に、尋常ではない何かを予感し、鳥肌が立った。

国民に銃を向けるような政権が、長続きするはずはない——。

誰もがそう思った事件だった。

★★★

平成元年は、国際政治の激動期とも重なる。ソビエト連邦が崩壊へと向かう「社会主義政権のドミノ倒し」が、東欧から始まった年でもある。東西冷戦が終焉へと向かっていく勢いに包まれた世界では、中国共産党の命脈もいずれは尽きるだろう、そんな観測が広がっていた。

中国経済も疲弊していた。

鄧小平の登場により政治から経済へと大きく舵を切った中国は、改革開放のかけ声の下、やっと国民が「豊かになる喜び」を公然と爆発させられる環境が整ったばかりだった。その直後の天安門事件だ。

世界は中国共産党の暴挙を非難し、制裁を発動した。孤立した中国では、国民生活が窮乏し、中国は再び長い冬へと向かうかのように消沈した。

平成の30年間を振り返ったとき、中国は幾度となく強い逆風にさらされ紆余曲折を繰り返してきたといえる。なかでも中国共産党にとっての最大の危機は、まさにこの平成元年であったはずだ。

★★★

中国の発展史を振り返ってみよう。

90年代には開放政策の下、外資に門戸を開放したことで国内産業がダメージを受け、リストラの嵐が吹き荒れた。一説には、この10年間で韓国の人口に匹敵する人員削減が断行されたという。

重厚長大産業の集積する東北・内陸部を中心に、労働者の呻吟《しんぎん》する声があふれた。東北では靴工場の労働者が、現物支給された靴を道端で自ら販売する様子がメディアで報じられたほどだった。

だがその一方では、鄧小平が発展のチャンスを逃すなと大号令をかけた「南巡講話」によって、再び火のついた金儲けへの欲求が爆発し、90年代末には外資導入の効果も表れ、「世界の工場」へのテイクオフが本格化していった。

同じころアジア通貨危機で冷や水を浴びせかけられた中国は、少しの足踏みを経験するが、世紀をまたぐころにはその潜在力を爆発させる。長らく「幻」と言われ続けた巨大市場——この時点では、今日のような規模の「市場」ではないが——が目覚め、日本企業が大陸で大きな利益を手にする時代を迎えた。ここから北京オリンピックまでが、「最も幸せな時代」ともいわれる。

平成20年＝2008年、リーマンショックに端を発した世界金融危機は、対欧米輸出に依存していた中国を慌てさせ、4兆元の巨額投資に走らせる。投資の効果は大きく、中国経済はどの国にも先駆けてV字回復を遂げ、世界経済をけん引し始めた。だが、その巨大投資の後遺症が長く中国を蝕むことになる。

平成24年＝2012年には、中国が一つの発展モデルを失ったことを、李克強総理が「構造転換」という言葉を用いて宣言したように、経済の〝老化〟という問題と、高速発展する社会に蔓延した格差の問題が、ダブルパンチとなって政権を襲う。現役の国家主席と総理が、そろって未来を悲観する発言をする場面もあった。これが習近平の反腐敗キャンペーンにつながったことは、よく知られている。

だが、概して見れば、平成の30年は中国にとって「台頭する30年」であったことは間違いない。

中国ブランドなど入る余地のなかった日本の家電量販店の店頭には、ファーウェイ、レノボ、ハイアール、格力、ＴＣＬといった製品が日本ブランドを押しのけて陳列されるようになった。

平成元年には一家に1台の電話ですら、中国ではまだまだ夢の話であったのに、今や街の物乞いまでがスマートフォンを持ち、横にＱＲコードを書いた紙を立てかけている。

中国人に渡す土産も、いつの間にか100円ライターでは喜んでもらえなくなり、980円の電卓を持っていっていた時代から、今日のように中国人観光客が年間830万人も訪れる時代となったのである。

中国における映画の興行収益は日本の4倍だ。

★★★

日本にとっての最大の貿易パートナーが、アメリカから中国へと変わったのも平成の変化である。輸出は平成21年＝2009年、輸入に至っては平成16年＝2004年、それぞれ中国が最大のパートナーとなっている。

そしてこの間、日中関係も大きく変わった。

平成の入り口で友好の終焉を迎え、下り坂の一途であった関係は、平成の終わりを迎えて再び友好へと向かう、その兆しが戻ってきている。つまり、日中関係から見た「平成」とは、「日中が激しい対立を繰り広げた」と記憶される時代なのだ。

平成元年の天安門事件で世界は中国に制裁を下したが、日本は「中国を孤立させることは得策でない」と制裁に慎重だった。

だが、中国共産党は事件により人民からの信頼を失い、経済的にも疲弊し、その危機のなかで自らの正当性を主張することにまい進した。すなわち、「誰が侵略者を大陸から追い出したのか」という〝党の実績〟を強調することで対日関係を犠牲にしたのだ。

危機感からの選択とはいえ、愛国教育という名の歴史教育によって、日本が侵略者代表として古傷をえぐられることとなり、多くの日本人の頭のなかに中国共産党に対する不信感を芽生えさせた。

その結果、両国の国民は互いに激しく感情をぶつけ合うようになり、国際社会にもその認識が広がった。

だが、平成の30年を経た今、日中は互いに対立することのデメリットを痛感した。もし令和の時代に「平成は仲悪かったね」と振り返ることができれば、これも無駄ではなかったと言えるのだろう。

平成は日中対立の時代だったが、それは「よそよそしい友好の昭和」から「本当のウィンウィンの令和」に至るに必要な対立だったと。

富坂聰

２０１９年６月

[著者紹介]

富坂聰（とみさか・さとし）

1964年愛知県生まれ。北京大学中文系に留学した後、週刊誌記者などを経てフリージャーナリストに。94年『「龍の伝人」たち』(小学館)で、21世紀国際ノンフィクション大賞(現・小学館ノンフィクション大賞)優秀賞を受賞。新聞・雑誌への執筆、テレビコメンテーターとしても活躍。2014年より拓殖大学海外事情研究所教授。『中国がいつまでたっても崩壊しない7つの理由』（ビジネス社）、『感情的になる前に知らないと恥ずかしい中国・韓国・北朝鮮Q & A』（講談社）、『トランプVS習近平 そして激変を勝ち抜く日本』『風水師が食い尽くす中国共産党』（以上、KADOKAWA）、『中国は腹の底で日本をどう思っているのか』（PHP研究所）、『平成海防論』（文藝春秋）など著書多数。

「米中対立」のはざまで沈む日本の国難

2019年7月1日　　第1刷発行

著　者　富坂 聰

発行者　唐津 隆

発行所　株式会社ビジネス社

〒162-0805　東京都新宿区矢来町114番地 神楽坂高橋ビル5F
電話　03(5227)1602　FAX　03(5227)1603
http://www.business-sha.co.jp

〈装幀〉尾形忍（Sparrow Design）
〈本文デザイン・組版〉茂呂田剛（エムアンドケイ）
〈印刷・製本〉シナノ パブリッシング プレス
〈編集担当〉大森勇輝　〈営業担当〉山口健志

ISBN978-4-8284-2112-4

ビジネス社の本

そして幻想の中国繁栄30年が終わる

誰も知らない「天安門事件」の呪縛

陳破空……著

定価　本体1400円＋税

978-4-8284-2102-5

1989年6月4日——
国民に銃を突きつけたあの日に決まった、
〝限界国家〟中国を襲う
「暗黒の未来」とは何なのか？

天安門事件から、官僚の腐敗、ウイグル・チベット弾圧、監視社会、そしてファーウェイ問題まで、中国30年間の真実と、豊かになればなるほど生きづらくなる「逆説の未来」を徹底的に解き明かす！

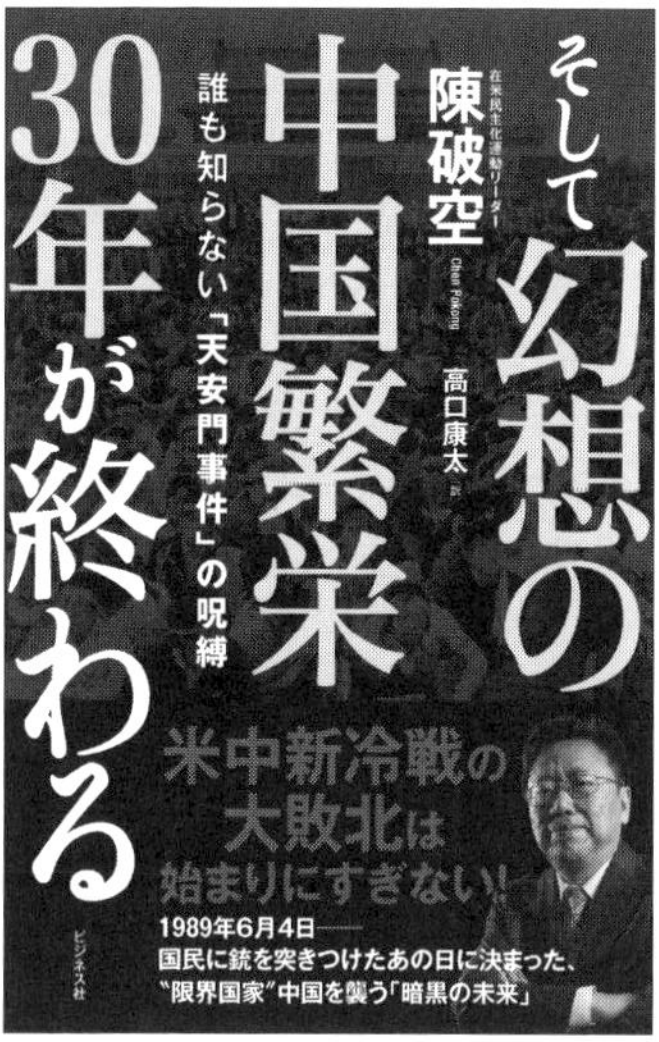

本書の内容